KB186728

국정원장의 눈물
老人과 女王

김정은이 그토록 죽이고 싶어했던 이병호 前 국정원장 변론기

嚴相益

조갑제닷컴

차 례

1. 노인(老人) 국정원장 … 8

2. 만남 … 12

3. 촛불혁명 … 18

4. 감옥 속의 국정원장 … 23

5. 박근혜 상납사건 … 29

6. 비서관의 돈 관리 … 36

7. 국정원 기조실장 … 43

8. 박근혜 前 대통령 정무 비서관 … 49

9. 박근혜의 의견서 … 62

10. 삼성동 사저의 돈 … 67

11. 문고리 삼인방 … 72

12. 박근혜의 피의자 신문조서 … 79

13. 법정공방 … 89

14. 그의 비(非)정치성 … 95

15. 왜 폭로했죠? … 101

16. 안봉근 비서관 … 111

17. 정치관여죄 ⋯ 119

18. 방첩국장 ⋯ 128

19. 증인 이병호 ⋯ 132

20. 박근혜 증인신청 ⋯ 144

21. 박근혜의 성격 ⋯ 148

22. 감옥으로 보낸 글 ⋯ 152

23. 정말 몰랐어요 ⋯ 167

24. 박근혜의 답장 ⋯ 172

25. 검은 시스템 ⋯ 176

26. 특수활동비의 법(法) 해석 ⋯ 179

27. 정보기관 ⋯ 181

28. 국정원장 이병호 ⋯ 185

29. 변론서 ⋯ 189

30. 판결 ⋯ 197

31. 에필로그 ⋯ 204

1:

노인(老人) 국정원장

이웃에 살던 그 남자가 국정원장이 됐다는 기사가 흘러나오고 있었다. 그는 나의 작은 법률사무소에 온 의뢰인이기도 했다.

신문의 한 가운데 나타난 그의 사진은 전혀 다른 사람 같았다. '일흔 다섯 살에도 세상 무대에 다시 등장할 수 있구나' 하는 생각이 들었다. 그는 오십대에 정년퇴직을 하고 이십 년 가까이 신문에 칼럼을 쓰기도 하고 지방대학에 나가 강연도 했다. 그는 같은 교회에 다니던 아파트의 옆집 남자였다. 그 집의 창가에는 부인이 틀어놓는 찬송이 은은하게 흘러나오고 있었다. 아들 둘을 키우면서 소박하게 사는 부부였다.

그와 이웃으로 살던 그 무렵 삼십대 초반의 나는 개인법률사무소를 하고 있었다. 사건이 별로 없었다. 의뢰인을 기다리는 대부분의 시간을 추리나 첩보소설로 보냈다. 결혼 초부터 비가 추적추적 오는 공휴일이면 따뜻한 방바닥에 배를 깔고 하루 종일 추리소설을 읽는 게 나의 쾌락이었다. 그러다 배가 고프면 국수를 끓여먹고는 다시 소설을 읽곤 했다. 어느 날 옆집 남자가 우리집으로 와서 교회 소모임을 인도(引導)했다. 그가 교회의 지역 리더였다. 작은 예배가 끝난 후 그가 물었다.

"요즈음 변호사 생활이 어때요?"

열댓 살 위인 그는 형 같은 느낌이 들었다.

"채권추심이나 하면서 따분하게 지내고 있어요. 이런 게 변호사라면 하고 싶은 생각이 없어요. 얼마 전에 제가 '제5열'이라는 첩보소설을 읽었는데 정보기관이라는 게 참 다이내믹한 일을 하더라구요. 그런 곳을 한번 구경했으면 신나겠더라구요."

당시 나의 문학적 호기심은 정보기관의 안쪽을 보고 싶어 했다. 언젠가는 소설을 써 보고 싶다는 꿈을 가지고 있었다. 얼마 후 이웃집 남자가 다시 나를 찾아와 조용히 말했다.

"제가 이웃에 살아도 사실 신분을 숨겼었는데 저는 안전기획부 해외정보국 부국장입니다. 한번 들어와 보고 싶은 생각이 있어요?"

나는 그의 말을 듣고 깜짝 놀랐다. 그가 자신을 이렇게 소개했다.

"저는 육사 출신입니다. 사관학교를 졸업하고 월남전에 참전해 소대장으로 근무하고 돌아와 영어교관을 했죠. 그러다 소령 시절 중앙정보부 해외 담당 정보 요원으로 차출되어 지금까지 근무하고 있어요."

"안전기획부에서는 어떤 일들을 하죠?"

내가 물었다.

"대통령 직속기관으로 일반인들은 상상하지 못할 국가경영을 하죠. 구체적인 것은 비밀이라 말씀드릴 수 없어요."

"그런데 저에게 (왜) 그런 말을 하시는 거죠? 평범한 변호사인 저는 그런 정보기관과는 아무런 인연이 없는데…."

"제가 박정희 대통령의 중앙정보부 시절부터 그곳에 있었는데 간부가 되어 보니까 요원들의 질이나 학벌이 너무 떨어지는 것 같아요. 어떤 곳이나 마찬가지지만 그곳에 얼마나 엘리트들이 많은가에 따라서 달라질 수 있죠. 저는 우수한 엘리트들이 모여들어 안보와 국가경영을 담당하는 기관으로 만들어 보고 싶다고 생각합니다."

그의 소개로 나는 정보기관을 관찰할 수 있었다. 얼마 동안 그 조직의 여기저기를 구경했다. 그러나 톱니바퀴같이 맞물려 긴박하게 돌아가는 체계가 나와 맞지 않았다. 조직생활보다는 작은 법률사무소를 차려놓고 책을 읽는 생활이 자유로운 나의 성격에 더 맞는 것 같았다.

세월이 흐르고 정년퇴직을 한 그가 보통사람이 되어 나의 법률사무소를 찾아왔다. 머리가 희끗희끗해지고 힘이 없어 보이는 표정이었다.

"퇴직금을 몽땅 사기 당했어요. 소송을 걸어줘요."

그의 첫마디였다.

"어떻게 사기를 당했어요?"

내가 물었다.

"퇴직금을 받아가지고 은행으로 갔어요. 여직원이 한 시간 동안이나 나를 붙잡고 뭐라고 설명하면서 펀드에 들라고 하더라구요. 제 경우는 경제에 대해 솔직히 아는 게 없었어요. 그냥 예금 비슷한데 이자율만 다른 것으로 생각하고 그러라고 했죠. 그런데 나중에 보니까 돈이 다 없어진 겁니다."

그는 변호사 선임료도 낼 형편이 되지 못했다. 평생 국가에서 받은 월급으로 아이들 키우고 밥을 먹고 하다 보니 빈털터리였다. 그가 받았던 퇴직금이 그가 노후에 쓸 돈의 전부였다. 어느 날 법원에 갔다 돌아오는데 사무실 앞에 서 있는 그의 힘이 빠진 뒷모습이 보였다. 그의 눈은 허공을 응시하고 있었다. 앞으로 살아갈 막막한 앞날에 절망하는 것 같아 보였다. 법원의 판사는 비웃으면서 그의 말을 믿어주지 않았다. 육사를 나오고 정보기관 간부까지 한 인물이 예금과 펀드도 구별 못한다는 것은 말도 되지 않는다는 이유였다. 그런 그가 75세에 갑자기 박근혜 정권의 핵심이 된 것이다. 고목(枯木)에서 다시 싹이 트고 잎이 난 것 같았다. 청문회를 준비하는 그에게 축하의 의미로 난(蘭) 화분을 보냈었다.

2:

만남

뜨거운 폭염이 쏟아지던 2015년 8월 중순경이었다. 점심시간 무렵 나는 강남의 인터컨티넨탈 호텔에 도착했다. 정문 앞에는 짙게 선팅을 한 검은색 카니발 두 대가 경광등을 번쩍이며 서 있었다. 검은 양복을 입은 남자들이 그 주위에 서서 날카로운 눈길을 보내고 있었다. 국정원장의 경호원들이었다. 호텔 일식집에서 이병호 국정원장을 만나기로 약속이 되어 있었다. 예약된 일식당의 방으로 안내되었다. 바로 그때 이병호 국정원장이 문을 열고 들어오면서 "오랜만입니다"라고 했다. 식탁을 가운데 하고 마주 앉았다. 감색 유니폼을 입은 여성종업원이 들어와 도기(陶器)에 담긴 차를 따른 후 주문을 기다렸다. 이병호 국정원장이 하얀 탁자보 위에 놓인 메뉴판을 보면서 말했다.

"회는 일 인분만 하고 나는 소바를 줘요."

간단히 먹자는 암시 같았다. 종업원이 이번에는 나를 쳐다보았다.

"저는 냉우동을 주세요."

종업원이 방을 나간 후 이병호 국정원장이 입을 열었다.

"야인(野人)생활을 하면서 바닥을 치고 있을 때 그래도 엄 변호사하고 여러 얘기를 하면서 위로를 받았어요."

그가 잠시 주저하는 모습이더니 재킷 안주머니에서 봉투 하나를 꺼내 내게 주면서 말했다.

"내가 힘들 때 돈도 받지 않고 소송을 해 줬는데 지금이라도 갚으려고 그래요. 이제는 월급도 많이 받고 좀 여유가 생겼어요."

"순수한 의도로 도와드린 건데 괜찮습니다. 박근혜 정권도 얼마 남지 않았는데 변호사와 의뢰인 관계라기보다는 그때 다시 좋은 인연으로서 남고 싶습니다."

내가 사양했다.

"그래도 국정원장이면 여유 있게 쓸 돈이 있어요."

그가 싱긋 웃었다. 자리가 사람을 만드는 것 같았다. 묵직한 그의 표정에 허공을 향해 망연한 표정을 짓던 그의 모습이 겹쳤다.

"그래, 나이 드시고 국정원장이 됐는데 견딜 만합니까?"

내가 물었다.

"제가 말레이시아 대사직을 끝으로 공직에서 물러나 쉬고 있었어요. 더러 대학에 가서 강의는 했죠. 어느 날 아침 이병기 당시 국정원장한테서 전화가 왔어요. 자신이 대통령 비서실장으로 가게 됐는데 국정원장 후임으로 저를 추천했다는 겁니다. 그 세 시간 후에 박근혜 대통령이 제게 전화를 해서 국정원장으로 수고해 달라고 요청했어요. 그날 오후 두

시에 국정원장 내정 사실이 언론에 공식적으로 발표됐죠. 여섯 시간 만이에요. 저처럼 전격적으로 국정원장이 된 사람은 없을 겁니다. 미국에 있는 아들은 기도 중에 내가 여호와의 힘을 보이기 위해서 그 자리에 앉았다고 연락을 하던데 말이죠. 국정원장이 된 처음 석 달 동안은 스트레스가 쌓이고 밤에 잠을 못 자겠더라구. 이제야 적응이 돼요."

"지금 우리나라의 상황은 어떻습니까?"

내가 물었다. 정보기관의 책임자인 그는 높은 산 꼭대기에서 보는 위치였다.

"중국은 시진핑을 중심으로 하는 일사불란(一絲不亂)한 사회주의 국가예요. 또 일본도 겉으로는 민주국가지만 전통적으로 천황을 중심으로 단결력이 강한 나라죠. 그런데 우리는 국민들이 뭉쳐지지 않는 것 같아요. 이따금 광화문에서 열리는 시위현장을 직접 가 보곤 합니다. 국민끼리 좌우로 나뉘어 그 사이에 흐르는 싸늘한 증오를 볼 때 정말 우리가 이래도 되나 하는 생각이 듭니다."

"북한은 어떻게 보십니까?"

그의 생각이 박근혜 정권의 대북관(對北觀)일 수 있다.

"김정은은 정말 나쁜 놈이에요. 전 국민을 굶어죽게 하면서 혼자서 호의호식하고 고모부나 형을 잔인하게 죽이는 전제군주죠. 그런 악마하고 무슨 대화가 되겠어요? 전제군주 정도가 아니라 북한은 종교국가입니다. 김일성 일가가 교주인 광신도 집단입니다. 통일하려면 교주가 제거되어야 합니다. 김씨 일가가 아닌 다른 지도자가 나와서 경제를 살려야 합니다. 그 다음에 대화를 하고 통일로 가야 하는 거죠. 누가 차기 대통령이 될

지 모르지만 안보와 북한의 존재에 대해 정확히 알아야 할 것 같아요."

북한의 정권을 어떻게 보느냐에 따라 좌우의 시각이 갈라져 있는 현실이다.

"국정원의 정치 관여에 대해서 어떻게 생각하세요?"

내가 물었다. 정보기관은 정권유지를 위해 대통령의 눈과 귀 역할을 넘어 몽둥이 역할을 한 원죄(原罪)가 있기도 했다. 야인생활을 하는 동안 국정원장 이병호 씨는 칼럼을 통해 정보기관의 정치 관여를 비판하곤 했었다. 그걸 확인하고 싶었다.

"전의 국정원장들은 어떻게 했는지 몰라도 나는 절대 그런 짓 안해요. 칠십 중반이 넘은 내가 무슨 다른 야망이 있겠어요? 그리고 국정원 직원들도 겉으로는 명령에 복종하지만 속으로는 정치공작이나 그런 걸 싫어해요. 이제 시대가 바뀌어서 박근혜 대통령도 그런 걸 지시하지는 못하죠. 많은 국정원 직원들이 현역 국정원장이나 대통령에게 절대복종하는 척해도 그 속은 알 수 없는 거 아니겠어요? 나는 그저 북한과의 마지막 전쟁에 전념하고 있죠."

"마지막 전쟁이라뇨?"

"남북 간의 체제경쟁은 끝났다는 말이 있지만 그렇지 않아요. 남한적화는 북한의 국가목표예요. 그걸 위해서 북은 지난 칠십 년간 별의별 짓을 다 해 왔어요. 남한의 압도적인 국력 신장으로 체제 간 게임이 끝났다고 성급히 말하는 사람도 있지만, 북한은 적화망상을 버릴 수가 없어요. 그게 북한 3대 세습체제의 정체성이기 때문이죠. 대한민국은 어때야 합니까? 헌법이 규정한 자유민주주의에 입각한 평화통일을 이루어야 합니다. 북한이 망상을 버리지 않고 있는 이상 체제경쟁은 계속 중이고 일반인들이 인식하지 못하지만 남북 간에는 보이지 않는 치열한 정보전이 진행 중입니다. 저는 그걸 마지막 전쟁이라고 국정원 직원들에게 말했습니다. 국정원은 마지막 전투에 결정적 역할을 수행하는 전사조직입니다. 저는 이 마지막 싸움에서 반드시 승리해야 한다는 소명으로 국정원을 운영했습니다."

그 말을 들으면서 몇 년 전 변호를 맡았던 간첩사건이 떠올랐다. 간첩사건의 변호인이 되어 국정원 조사실을 드나들었다. 키가 껑충하고 볼이 홀쭉한 남자가 조사를 받고 있었다. 그는 해안지역의 군사시설을 동영상으로 찍어 북으로 보냈다. 그리고 군 장교들을 포섭해서 군사교범과 군사지도 그리고 작전계획을 빼내기도 하고 탈북한 사람들의 사는 모습들을 촬영해 북으로 보낸 혐의를 받고 있었다. 그는 묵비권과 단식으로 저항하고 있었다. 그와 둘이서 변호인 접견을 할 때였다. 그가 비웃는 표정으로 이렇게 내뱉었다.

"모든 증거가 북에 있는데 어떻게 나를 간첩으로 유죄로 만들 수 있겠어요? 남한은 법치주의잖아요? 사실 남한의 정치인 중에 나보다 더한 놈들이 수두룩해요."

그가 코웃음을 치면서 말했다.

"그게 무슨 소리죠?"

내가 되물었다.

"중국에서 남북한 정치인들의 비밀 접촉이 많았어요. 제가 북한 측 대표의 경호를 한 적이 있어요. 북경의 호텔에서 남한의 정치인들을 옆에서 본 적이 있어요. 남한의 정치인들은 휴전선 근처에서 무력시위를 해달라고 했어요. 선거에서 이기려면 북에서 전쟁 분위기를 만들어 주어야 한다는 거죠. 그런 놈들이 지금 남한의 정계에 버티고 있어요. 그러니까 북한의 지도자가 남한 선거에 가장 큰 영향력을 미치는 셈입니다. 북의 입장에서는 골치 아픈 무력사용보다 선거 때 개입해서 원격 조종하는 게 훨씬 파괴력이 있다고 봅니다. 누구를 남한의 대통령이 되게 하는지 북에서 결정합니다. 상대적으로 북의 말을 누가 잘 듣나 보고 그 사람이 되게 하는 거죠."

그는 대한민국을 깔보고 있는 확신범이었다. 변호사지만 나도 한마디 해 주고 싶었다.

"고난의 행군으로 200만을 굶겨죽이고 정치범 수용소가 있는 김일성 일가의 왕국인 북의 체제가 더 좋다는 겁니까? 국가는 국민들을 먹여 살리고 지켜주기 위해 있는 것 아닙니까?"

"그래도 남한의 썩고 약한 대통령보다는 북의 지도자가 훨씬 결단성 있고 영도력이 있다고 생각합니다."

이미 시대조류가 변하고 있었다. 서울의 거리에 북한의 김정은을 환영하는 플래카드가 나붙고 있었다. 북한을 경험한 작가 황석영 씨의 글이 떠올랐다. 김일성과 여러 번 만났던 그는 김일성의 말을 이렇게 전하고 있었다.

"남한의 의회에서 우리 북의 노동당이 소수당 정도라도 자리잡고 활동할 수 있는 여건이 된다면 한번 승부를 겨루어 볼 수 있는데 말이요."

김일성은 무력이 아니라 선거를 해도 이길 수 있다는 자신감을 피력했었다.

3:

촛불혁명

매일 뉴스시간이면 연기가 나는 것 같았다. 박근혜 대통령의 측근이라는 최순실의 국정농단이 터져 나오고 있었다. 평범한 여자가 대통령의 주변에서 정책결정을 하고 연설문을 쓰고 스포츠 재단을 만들어 기업으로부터 돈을 뜯어냈다는 내용이었다. 그 딸이 대기업에서 사준 말[馬]로 유명 대학교에 특례입학을 하고 심지어는 최순실이 대학에 가서 교수들에게도 패악을 끼쳤다는 내용들이었다. 그 아이가 박근혜 대통령의 숨겨놓은 딸이라는 말이 돌았다.

온간 악성 루머가 짙은 미세먼지 같이 대한민국의 공기를 오염시키고 있었다. 독신의 여성 대통령의 사저(私邸)에 남자가 드나들고 대통령의 사저에서 환각제나 성(性) 흥분제가 사용됐다는 얘기도 돌고 있었다. 여성 대통령의 침실 벽을 온통 유리거울로 만들어 성적 쾌락을 즐긴다는 지저분한 말들이 사실같이 떠돌고 있었다. 여성 대통령은 3류 에로 만화의 여인같이 바닥에 떨어져 내리고 있었다.

인터넷에서 사회 원로인 김동길 박사가 카랑카랑한 어조로 대통령은 하야해야 한다고 목소리를 높이고 있었다. 언론이 떠돌고 있는 소리들을 전하면서 불씨에 기름을 붓고 있었다. 사람들이 촛불을 들고 거리로 나오기 시작했다. 어느새 서울의 밤은 불바다로 변해 있었다. 종로의 시위 현장에 나가 보았다. 군중들이 촛불을 들고 조계사 쪽으로 밀물같이 흘러가고 있었다. 뒤에서 구시렁거리는 소리가 들렸다.

"이제 박근혜는 외국으로 도망가야지 도저히 국내에서는 살지 못하겠군."

뒤를 돌아다보았다. 어떤 스님이 혼잣말 같이 중얼거리고 있었다. 거대한 군중의 물결이 청와대의 담을 넘으려고 하는 장면이 뉴스에 나오고 있었다. 공포를 담은 촛불의 거대한 물결이 국회라는 방파제를 넘어 헌법재판소를 덮쳤다. 여당의원들은 끽 소리조차 내지 못하는 것 같았다. 비박(非朴)계라고 알려진 의원들은 박근혜 대통령의 탄핵과 수사에 오히려 앞장서고 있었다. 헌법재판의 심리 장면이 텔레비전을 통해 중계되고 있었다. 그곳에서는 박근혜 전 대통령 측 변호사의 반대의견이 제시되고 있는 게 보였다.

"촛불민심은 민의(民意)가 아닙니다. 광화문 촛불집회의 주도 세력은 민주노총이에요. 촛불집회의 참가자들이 대통령을 처형할 단두대까지 설치하고 김일성 주체사상을 따르는 이석기를 석방하라고 했어요."

역류현상이 일기 시작했다. 태극기 집회가 열리기 시작했다. 시청 앞에서 열리는 집회에 참석해 보았다. 태극기의 물결이 시청 앞 광장을 덮고 있었다. 단상에서 미국 야구모자를 쓴 김평우 변호사가 부르튼 입으로 군중들을 향해 소리치고 있었다.

"대한민국 남자들 모두 죽었습니까? 여성 대통령 한 분을 지켜 드리지 못한단 말입니까? 지금의 탄핵 절차는 모두 불법입니다. 저는 탄핵을 탄핵합니다."

세상 사람들이 촛불과 태극기로 나뉘어 싸우면서 폭동 직전으로 변해 가는 것 같았다. 젊은이와 노인, 있는 사람과 없는 사람이 나뉘었다. 노인세대도 또다시 생각이 갈리는 것 같았다. 팔십대의 고교 은사는 내게 전화를 걸어 시국에 대해 이렇게 말했다.

"나도 교사 출신이지만 교사이던 박정희가 혈서까지 써 가면서 일본군 장교가 된 걸 싫어한 사람이야. 일본군 장교가 하는 일이 뭐겠어? 독립운동을 탄압하는 지위에 있던 거 아니야? 해방 후에도 선배와 동료들을 배신해서 여러 사람들을 다치게 했잖아? 왕보다 무서운 대통령을 하면서 얼마나 많은 사람들의 한(恨)을 서리게 했어? 그 한들 때문에 자식들이 제대로 될 리가 없어. 박근혜는 대통령에 나오지 말았어야 했어. 요즈음 판사 출신 김평우 변호사가 태극기 집회에서 박근혜를 여왕 모시듯 하는 걸 보면 정말 수치스럽다고 생각해. 미국 대학마크가 찍힌 모자 안 쓰면 누가 거기서 좋은 대학 나온 거 모르나? 그 사람 가슴이 없는 것 같기도 하고 말이야."

헌법재판관의 전원일치로 박근혜 대통령이 파면됐다. 헌법재판관들은 모두 급류 같은 시대의 조류에 편승한 것 같았다.

며칠 후 유튜브에서 탄핵재판의 변호인이었던 김평우 변호사가 사회자인 조갑제 씨와 대담하는 장면이 나오고 있었다.

"지금 대한민국에 검은 구름이 몰려드는 것 같은 상황입니다. 박근혜 대통령의 탄핵도 그런 돌풍이 세상을 파괴하는 일환이라고 보는데 어떻게 생각하십니까?"

사회자가 물었다.

"박근혜 대통령은 누구보다도 아픈 경험을 하신 분입니다. 그런 고통을 딛고 이 나라의 지도자가 되신 거죠. 박근혜 대통령님이 어제 사저에서 차를 보내셨길래 그걸 타고 가서 만나 뵈었습니다. 탄핵으로 파면이 되시고 삼성동 사저에 오신 건데도 담담하게 웃으시더라구요. 이 상황에서 어떻게 그렇게 웃으실 수 있는지 저는 감명을 받았습니다. 박근혜 대통령님은 조선시대 단종같이 순교자가 된 분이에요. 그 의연함을 보고 존경하고 싶었습니다. 대한민국의 잔 다르크예요. 앞으로 역사가 다시 평가할 겁니다."

사람들마다 생각이 다양한 것 같았다. 이웃에 사는 칠십대 중반의 대학 선배와 만났다. 기자 출신인 그는 청와대 정무비서관과 차관을 지낸 사람이었다. 그가 이런 말을 했다.

"박근혜 대통령이 청와대에서 매일 야당의원 한 사람에게 전화 한 통씩만 했어도 이렇게 파면되는 일이 없었을 거야. 그런 전화를 했었다면 야당의원은 아마 대통령이 자기 개인에게 전화를 했다는 감동을 마음속으로 깊이 간직하고 도왔을 거야. 그게 대통령의 중요한 정무(政務)라고 생각해. 미국 대통령에 당선된 클린턴이 한 일이 뭔지 알아? 매일 국회의원한테 전화를 한 거야. 르윈스키와 섹스를 하고 있을 때도 국회의원과 전화를 하는 중이었어."

대통령선거가 치러지고 문재인 정권이 들어섰다. 이전 정권에 대한 적
폐청산의 횃불이 타오르기 시작했다. 적폐청산 위원회가 생기고 박근혜
정권의 국정원과 군, 정부 각 부처의 비리들을 조사하기 시작했다. 박근
혜 정권의 인물들에 대한 체포와 압수수색, 구속 뉴스가 쏟아지고 있었
다. 적폐청산의 물결이 이명박 정권까지 흘러가고 있었다. 국정원에 파견
되어 일하던 변창훈 검사가 아파트 옥상에서 투신해 목숨을 끊었다. 국
정원에서 일하던 정치호 변호사가 숨진 채 발견됐다. 박근혜 정권의 국정
원장들이 구속되기 시작했다. 청와대에 뇌물을 상납하고 정권 실세들의
'돈줄' 역할을 했다는 보도가 나오고 있었다.

낯익은 이병호 국정원장의 얼굴이 신문과 뉴스화면을 통해 나오고 있
었다. 그는 검찰청 앞 포토라인에서 수많은 기자들에게 말하고 있었다.

"국정원이 큰 상처를 입고 흔들리고 약화되고 있습니다. 크게 걱정되
는 위태로운 상황입니다. 국민적 성원이 있었으면 좋겠습니다."

김관진 전 국방장관, 청와대의 김장수 안보실장이 구속됐다.

이병호 국정원장에게 징역 3년6월이 선고되고 그가 법정구속이 됐다.

4:

감옥 속의 국정원장

2018년 8월2일 오후 4시 거친 뙤약볕 아래 서울구치소 사동(舍棟)들은 녹아내릴 것 같았다. 폭염경고가 발령되었다. 구속된 이명박 전 대통령이 더위를 견뎌내지 못하고 병원으로 이송됐다는 기사를 봤다. 구치소 변호인 접견실의 구석 유리박스 안에서 이병호 전 국정원장을 만났다. 일 년 전 함께 점심을 먹을 때의 그가 아니었다. 내 앞에는 눈동자가 탁하고 힘이 모두 빠져나간 듯한 노인이 앉아 있었다. 눈에 눈꼽이 끼어 있고 얼굴에는 병색(病色)이 완연했다.

"몸이 어떠세요?"

건강부터 걱정해 주었다.

"자리에서 일어나면 주위가 빙빙 돌아요. 한참 있어야 좀 괜찮아져요. 의무실에 갔었어요. 온통 몸에 문신한 건달 애들 사이에 줄을 서 있으면 다리가 후들거려요. 한나절을 기다려 의사를 만났는데 그 태도가 너무 냉랭해요. '당뇨 약이나 고혈압 약을 먹었으면 그런 증상이 나타날 수 있죠'라고 시큰둥하게 대답하고 내쫓아요. 여기 들어온 지 한 달 반 정도 됐는데 몸무게가 5킬로나 줄었어요."

"외부병원에 가서 진료를 받아보시죠?"

"수갑을 차고 나가 세상에서 창피를 당하기 싫어요."

"사동의 몇 층에 계셔요?"

직사열을 받는 구치소 사동의 꼭대기는 폭염 속에 난로같이 달아오르고 있었다.

"사동의 3층 꼭대기에 있었어요. 그런데 워낙 폭염이 계속되니까 구치소 측에서 2층으로 옮겨줬어요. 일층이 더 나은데 거기는 일반죄수들 차지라 방이 없다고 그러네요."

그는 이미 혼(魂)이 반쯤 빠져나간 것 같은 약한 노인의 모습이었다. 그의 얼굴에 죽음의 그림자가 어른거리는 것 같았다.

"정신 차리세요. 여기서 죽으면 안됩니다. 예전에 변호를 하던 분이 감옥 안에서 죽는 걸 봤어요. 대통령에게 뇌물을 바친 혐의로 구속된 은행장이었어요. 대통령을 치기 위해 정치적으로 엮인 건데 징역을 살던 도중에 죽었어요. 살아야 합니다."

검찰이 주는 모욕감으로 자살을 하는 사람이 종종 있었다. 그걸 인내해야 한다. 형사소송법은 70세 이상의 노인의 경우는 건강이 위험할 때 형의 집행을 정지할 수 있게 규정하고 있었다. 팔십 노인인 이병호 씨가 그런 상태였다. 그러나 그는 이미 그런 법의 보호에서 예외적인 인간이 되었을 수도 있었다. 전(前) 정권의 핵심위치에 있던 그는 적폐의 명분 속에서 이미 운명이 정해져 있는지도 몰랐다.

"칠십대 중반에 왜 국정원장이 되셨습니까? 어떤 철학을 가지고 뭘 하려고 하셨습니까? 단지 관직(官職)이 좋아서 가실 분은 아니라고 생각해서 묻는 겁니다."

"정년퇴직을 하고 이십 년 가까이 지내던 나에게 왜 정보기관장의 자리가 왔는지 몰랐어요. 왜 그런지 하나님한테 물었죠. 박근혜 대통령과 아는 사이도 아니었어요. 역대 국정원장을 보면 대개가 대선(大選)캠프에서 일하던 사람들이 국정원장으로 갔는데 저는 그런 인연이 없었어요. 박근혜 대통령은 저를 임명하면서 국내의 좌파들이 너무 많으니 그걸 없애달라고 부탁을 하더라구요. 제가 지키려고 한 것은 대한민국의 헌법적 가치인 자유민주주의였죠. 북한의 김정은 정권과 남한의 좌익들에 대해 우리의 헌법적 가치를 지켜야 한다고 생각했습니다. 저는 전체 국정원 요원에게 우리 앞에는 '마지막 전투'라는 역사적인 과제가 놓여있다고 선언했어요. 자유민주주의의 최후 승리를 가져오는 체제 경쟁의 마지막 과정이었죠. 한반도에서 자유민주주의의 승리를 이루고 불쌍한 북한 주민을 생지옥으로부터 구해내야 한다고 했어요. 저는 그것이 저와 국정원에 부여된 역사적 소명이라고 인식했어요."

"지금 정권은 북한과 평화공존으로 가자는 것 아닙니까? 그것도 틀린 생각만은 아닐 것 같은데요."

"북한의 존재 목적은 김일성 때부터 혁명이었습니다. 노동당 규약에 나와 있듯이 모든 것의 끝은 남조선 혁명입니다. 그게 북한의 정체성입니다. 김정일 때도 그렇고 김정은도 그렇습니다. 남조선 혁명이 빠지면 북한은 영혼이 빠진 빈껍데기 같은 존재가 되어 버립니다. 그래서 북한은 지금도 혁명을 버릴 수가 없는 겁니다. 북한 주민들에게는 혁명이 성공하면 그 순간부터 고생이 끝난다고 세뇌해 왔습니다. 그런 상태에서 평화공존이라면 자기 모순에 빠지게 됩니다. 그들의 사고로는 용납될 수 없는 관념이죠."

"북한의 김정은은 어떤 인물입니까?"

"제가 직접 고모부를 죽이려고 준비한 말뚝을 위성사진을 통해 보기도 했어요. 사람을 말뚝에 매어놓고 십이 미터 앞에서 고사포로 산산조각을 내 버렸어요. 그 형도 공항에서 독극물로 죽였죠. 테러분자를 도주시켜 완전범죄를 저지르려는 것을 대한민국 국정원에서 그렇게 하지 못하게 했죠. 지금 북한은 화재시 집에 있는 김일성 사진을 들고 나오지 않았다고 죽이고, 땅에 떨어진 밥풀을 주워 먹었다고 때려죽이고, 김일성의 어록을 외우지 못했다고 총으로 머리통을 쏘는 지옥입니다. 그래도 북한 주민들이 반발하지 못하는 이유가 뭔지 아세요? 김일성 때부터 김씨 가(家)는 단순한 제사장(祭司長) 정도를 넘어서 하나님의 위치를 차지하고 있죠.

북한 전체가 광신도로 구성된 집단입니다. 그들이 구원이 되는 길은 남조선 혁명이구요. 이런 구조 속에서 협상하고 평화공존이 될 거라고 보십니까? 절대 안 됩니다. 저는 국정원장을 하면서 일단 김정은은 아니라고 보았습니다. 그를 자리에서 물러나게 한 다음 김씨 일가가 아닌 다른 사람이 북의 지도자가 되어야 합니다. 그리고 그를 통해 북한경제의 숨통을 트이게 하면서 남북의 평화공존 협정이 이루어져야 한다고 봤던 거죠. 그게 거의 다 이루어질 수 있었는데 박근혜 정권의 운명이 끝이 난 거죠. 지금 대한민국의 좌파 정치인들은 북한의 인권은 이웃 국가의 내정문제니까 간섭하지 말자고 하죠. 그건 껍데기만 본 거예요."

"북한이 거의 끝나가고 있었다는 건 무슨 말입니까?"

그의 말에 뭔가 중요한 의미가 담겨 있는 것 같아서 물었다.

"북한의 핵개발 과정을 보면 정말 목숨을 걸고 하는 거였어요. 미사일 추진체를 만들려면 엄청난 부품들을 해외에서 몰래 사들여 와야 합니다. 달러를 조달해야 하고 무역제재 속에서 부품들을 밀수해 와야 했어요. 깡통을 두드려 만드는 수준으로 형체를 만들어 간신히 구한 부품을 조립해 하나를 쏘고 다시 그렇게 만드는 과정을 반복한 거죠. 사실 핵탄두를 만드는 건 어렵지 않아요. 원자로 핵처리를 하고 남은 물질과 플루토늄을 사용해 만드는 거죠. 정말 힘든 건 추진체였어요. 북은 모든 국력을 거기에 기울인 거죠. 우리가 대북제재의 고삐를 조금만 더 유지했으면 김정은은 혼자서 버틸 수가 없었습니다. 그게 제가 본 북의 상황이었습니다. 또 북에서는 체제에 대한 저항세력이 형성되고 있었습니다. 뒷골목에서 노점상을 하는 주민들이 더 이상 보위부 요원들에게 굽히지 않아요. 단속을 하려면 이삼십 명씩 모여 저항을 하는 분위기가 벌써 오래됐습니다. 중국에서 건너오는 남한의 드라마 테이프를 통해 대한민국 주민들의 생활이 어떻게 여유롭다는 걸 북한 주민들이 알기 시작했습니다. 그런 의식혁명이 무서운 거죠. 당연히 남쪽의 국정원장으로서는 그 세력을 은밀히 도와주어야 하는 게 정보기관장으로서의 의무였죠. 그게 좌절된 겁니다."

"남쪽의 좌파세력을 견제하라는 대통령의 명령은 어떻게 보십니까?"

그건 힘을 행사하는 사람의 성격에 따라 정치 관여와 탄압으로 갈 수도 있는 위험한 것일 수도 있었다.

"정보기관에서 평생을 지낸 저는 좌파의 분류도 지혜를 가지고 현명하게 판단해야 한다고 생각했습니다. 독재정권에 반대해서 민주화 투쟁을 한 사람들이 있습니다. 이미 그 사람들이 오랜 세월을 거쳐 오면서 이 사회에서 깊이 뿌리를 박고 있습니다. 그건 존중해 주어야 할 세력이라고 봤습니다. 문제는 북한이 그런 세력을 끊임없이 이용하려고 하는 데 있습니다. 국정원은 북의 그런 기도에 당연히 신경을 써야 한다고 생각했어요. 그 과정에서 정치관여나 또는 불필요한 인권침해를 철저히 차단해야 합니다. 저는 박근혜 대통령의 지시를 그렇게 조심스럽게 접근해야 한다고 보았고 실제로 그렇게 했습니다. 국정원의 본업은 간첩과 같은 실체적 위협에 대처해서 그들을 검거하는 겁니다."

5:

박근혜 상납사건

나는 법원에서 증거로 제출된 수사기록을 복사해 왔다. 이병호 전 국정원장이 징역형을 받은 이유는 의외로 간단했다. 그뿐만 아니라 박근혜 정권의 국정원장들이 정기적으로 대통령에게 뇌물을 상납했다는 것이다. 그 돈이 국정원 예산이었으니까 대통령과 함께 국고(國庫) 손실죄가 된다는 것이었다. 나는 수사기록 속에 나타나 있는 그들의 세계를 들여다보기 시작했다.

2013년 3월경 신임 국정원장 남재준이 강남에 있는 국정원의 사무실에서 청문회 준비를 하고 있을 때였다. 그는 사십 년 군대생활을 한 육군참모총장 출신이었다. 그는 그곳을 찾아온 대통령 비서관으로부터 이런 말을 들었다.

"국정원장님이 받는 특수활동비 안에 매달 청와대 예산 5000만 원이 있습니다."

그는 합참(合參)에 있을 때의 일이 떠올랐다. 합참 정보본부 예산중에 국정원 예산이 편성되어 있었다. 합참 정보본부 예산으로 되어 있지만 국정원이 사용하는 돈이었다. 청문회가 끝나고 5월 말 청와대 서별관에서 국가안전보장회의를 마치고 그가 정원에서 참석자들과 환담을 하고 있을 때였다. 안봉근 대통령 비서관이 그에게 다가와 "잠깐 드릴 말씀이 있습니다"라고 했다. 남재준 국정원장과 비서관은 사람들과 조금 떨어진 장소로 갔다.

"할 말이 뭔가?"

남재준 국정원장이 물었다.

"청와대의 5000만 원 건입니다."

며칠 후 그는 정책특보를 원장실로 불러 지시했다.

"앞으로 매달 5000만 원씩 청와대의 비서관에게 가져다 줘, 설마 나에게 사기 치는 건 아니겠지."

다음날 정책특보는 남재준 원장실로 들어와 "지시하신 대로 전달했습니다"라고 보고했다.

2014년 4월16일 점심 무렵 남재준 국정원장의 정책특보는 강남의 메리어트 호텔 일식당에서 박지만을 만났다. 정책특보는 남재준이 육군참모총장 시절 부관을 한 그의 심복이었다. 박지만과는 육사 선후배 관계이기도 했다. 박지만이 이렇게 말했다.

"정윤회한테 미행을 당한 일이 있어. 정윤회가 비리가 많다고 하는데 좀 알아봐 줘."

얼마 후 대통령으로부터 남재준에게 국정원장을 그만두라는 지시가 떨어졌다. 국정원에서 정윤회를 뒷조사하려고 한다는 사실이 청와대에 알려진 것 같다는 소리가 들렸다.

2014년 7월 말경 후임 국정원장이 된 이병기에게 청와대의 신동철 정무비서관이 전화를 했다.

"원장님 축하드립니다."

"고마워."

이병기 원장은 이회창 대선캠프에서 신동철을 알게 되고 그후 여의도 연구소에서도 함께 일을 하며 자주 연락을 하며 지내는 사이였다. 신동철 정무비서관은 20대 총선에 신경을 쓰고 있었다.

"요즈음 어때? 정무 파트에서 외부에 나가 식사도 해야 되고 할 텐데 힘들지 않아?"

이병기 국정원장이 걱정을 해 주었다.

"빡빡하죠. 예산이 모자라는 대로 버텨야죠."

전화가 끝난 후 이병기 원장은 정무수석실 비서관들을 격려해 주어야 하겠다는 생각이 들었다. 2014년 10월경이다. 이헌수 국정원 기조실장이 이병기 국정원장에게 이런 보고를 했다.

"국정원 예산을 국회에서 논의 중인데 특수활동비에 대해 상당한 논란이 있습니다. 그걸 해결할 사람은 최경환 부총리입니다. 최경환 부총리에게 특활비 1억 정도를 활동비로 주시면 예산편성 과정이 순조롭게 진행될 것 같습니다. 타 부처에서도 다 그렇게 합니다."

"그렇게 해야 한다면 적절히 판단해서 지급하시오."

이병기 실장은 외무부 시절도 그렇게 하던 걸 떠올렸다. 국정원의 기조실장 자리는 대통령이 신임하는 사람을 임명하는 자리였다. 이헌수 기조실장이 덧붙였다.

"남재준 원장 시절부터 매달 청와대에 돈이 지원되고 있습니다."

그렇게 해야 하겠다는 뜻 같았다.

"법적으로나 예산상으로 문제가 없는 거요?"

"문제 없습니다."

이병기 국정원장은 박근혜 대통령이 돈에 대해서는 깨끗한 사람으로 인식하고 있었다.

"요즈음 청와대 사정이 어때요?"

"청와대 사정이 조금 빡빡한 것 같습니다."

"그러면 여태 보내던 것보다 조금 더 줄 수 있는 거야?"

"가능합니다."

그는 국정원장으로 있으면서 매달 청와대에 1억 원을 보냈다.

이병기 국정원장이 7개월 만에 청와대 대통령 비서실장으로 옮겨 가고 이병호 국정원장이 내정됐다. 그는 30년간을 정보 분야에서 일해 온 정보통이었다. 그는 국회 인사청문회 모두 발언에서 국정원의 정치개입 금지 의지를 이렇게 표명했다.

"국정원의 정치개입은 정보기관을 망치는 길입니다. 국정원이 망가지면 국가안보가 흔들립니다. 작금의 엄중한 안보 상황에서 국가안보를 약화시키는 것은 역사적 범죄입니다. 저는 결코 역사적 범죄자가 되지 않을 것입니다."

얼마 후 그가 국정원장 취임시 국정원 요원들에게 이렇게 말했다.

"국정원은 이제 과거로 돌아갈 수 없습니다. 국정원은 권력기관 자리에서 내려와야 합니다. 선진국 어느 나라 정보기관도 정치와 연계된 권력기관이라고 부르지 않습니다. 우리도 그래야 합니다. 국가안보를 밤낮으로 노심초사하는 순수한 안보 전문 정보기관으로 자리매김해야 합니다."

2016년 11월29일 그는 정보위원회에서 이렇게 말했다.

"국정원 전 직원은 정치 관여가 국정원이 할 일이 아님을 잘 알고 있고 이를 경계하고 있습니다. 그러나 이런 다짐은 국정원 혼자의 의지만으로 실현될 수 없다고 생각합니다. 국정원을 정치에 끌어들이려는 시도가 더 이상 없어야 할 것입니다."

그는 2017년 1월1일 신년사에서 직원들에게 이렇게 강조했다.

"앞으로 있을 대선정국은 과거에도 그랬듯이, 국정원을 뒤흔드는 시험대가 될 수 있습니다. 후보 진영별로 전직 직원들이 나눠지고 각 진영에서 국정원 내부정보를 수집해서 정국에 이용하려는 시도도 있을 것입니다. 이런 시도에 우리는 모두 현명하게 대응해야 합니다. 다른 방법이 없습니다. 국정원은 정치에 개입하지 않으며 동시에 우리를 정치에 끌어들이려는 유혹에 절대 빠지지 않겠다는, 직원으로서의 강한 자부심과 윤리

의식과 프로의식을 가져야 합니다."

국정원장으로 부임한 그는 비서실 인원을 반으로 줄였다. 국회 파견관
이 의원들의 동향을 보고하는 것도 중지시켰다. 국정원 본연의 업무가 아
니라고 판단했기 때문이다. 부임 초 어느 날 기조실장 이헌수가 이런 보
고를 했다.

"청와대에 매달 가져다주는 돈이 있습니다."

국정원장인 이병호는 대통령은 국정원의 예산 및 인사에 대해 지휘권
이 있다고 확신했다. 국정원의 특별사업비를 요구하는 것은 지휘권의 일
환이었다.

2016년 5월경이었다. 대통령이 이병호 국정원장에게 전화를 걸어 명
령했다.

"그간 국정원에서 지원한 자금이 있지 않습니까? 그거 계속 지원해 주
세요."

"알겠습니다."

2016년 6월경 이병호 국정원장은 청와대에서 박근혜 대통령을 독대
(獨對)해서 보고하고 있었다. 보고가 끝날 무렵 박근혜 대통령이 이렇게
지시했다.

"앞으로 매달 5000만 원을 이원종 비서실장에게 지원하세요."

정무수석실에서는 20대 총선을 앞두고 여론조사를 하고 있었다. 신동
철 비서관은 청와대에 배정된 여론조사 예산이 부족하자 국정원의 기조

실장에게 여론조사 비용을 요구했다. 국정원의 기조실장은 5억 원을 청와대 정무수석비서관실에 지원했다. 이게 구속된 박근혜 정권 국정원장들의 청와대 뇌물상납 및 정치관여죄의 내용이었다.

6:

비서관의 돈 관리

2013년 4월경 어느 날 사무실에 앉아 있던 청와대의 총무비서관 이재만은 박근혜 대통령으로부터 전화를 받았다.

"국정원에서 봉투를 가지고 올 테니 받아요."

이재만 비서관은 그게 돈이라고 직감했다. 그 얼마 후 국정원장 비서실장이 그를 찾아와 돈이 든 커다란 봉투를 건네주었다. 봉투 안에는 작은 박스가 있었고 그 안에 오만 원권으로 현찰이 들어있었다. 그 후 액수가 늘어나면서 돈이 든 지퍼가 달린 가방이 왔다. 그때부터는 안봉근 비서관이 국정원으로부터 돈을 받아서 건네주었다. 안봉근이 가방을 건네주면 이재만은 가방을 열어서 금액을 확인한 후 그 돈을 책상서랍에 넣고 가방은 안봉근 비서관에게 돌려주었다. 이재만 비서관은 다음날 박근혜 대통령에게 돈 받은 사실을 보고했다.

"돈을 청와대 특수활동비처럼 잘 관리하세요."

대통령의 지시였다. 이재만 비서관은 그 돈을 총무비서관실에 있는 금고에 넣어 보관했다. 국정원의 자금을 받는 것은 박근혜 대통령과 속칭 문고리 삼인방이라고 불리는 비서관들만 알고 있었다. 문고리 삼인방이라고 불리는 비서관들과 박근혜 대통령의 인연은 1988년경부터였다. 당시 대구 달성군 국회의원이었던 김석원 의원이 국회의원직을 사직하면서 보궐선거가 치러졌다. 쌍용그룹 회장이었던 김석원은 IMF를 겪으면서 쌍용그룹이 어려워지자 경영에 전념하기 위해 국회의원직을 사임했다. 그의 보좌관이었던 안봉근은 정치에 입문하는 박근혜 후보의 캠프로 들어가 수행과 지역관리 일을 맡았다.

고려대 노어노문학과를 나와 대학원에서 국제정치학을 전공하던 정호성은 교수들의 추천으로 1988년 4월경부터 박근혜 후보의 보좌관이 됐다. 그는 연설문 작성과 정책분야 담당이었다. 1999년 경영학 박사 출신인 이재만이 보좌관으로 합류해 그들은 박근혜 대통령이 탄핵될 때까지 약 17년 간 함께 근무하게 된다. 야당의원 시절부터 박근혜 의원과 보좌관들은 차명폰을 사용했다. 보안을 위해서였다. 박근혜가 대통령이 된 후에도 차명폰의 사용은 계속됐다. 차명폰은 문고리 삼인방과 최순실 등이 통화할 때 사용했고 외부 사람들과 연락할 때는 업무폰을 사용했다.

박근혜 대통령은 이재만 비서관에게 전화를 해서 국정원에서 온 돈을 일정 금액씩 가지고 오라고 했다. 그런 때면 이재만 비서관은 쇼핑백에 돈을 담아 대통령 관저로 갔다. 관저 입구의 경호실을 지나 통로를 따라가면 휘트니스가 나오고 그 문을 열고 안으로 들어가면 다시 서재로 들어가는 문이 있었다. 대통령이 있을 때는 직접 전달하고 없을 때면 서재 문 뒤쪽에 쇼핑백을 조용히 놓고 나왔다. 한 달에 한 번 이상 대통령에게 돈을 가져다 준 셈이었다. 금액은 보통 2000만 원 가량이고 1억 원 이상으로 많은 때도 있었다. 이재만 비서관은 보관하고 있는 잔액을 A4 용지에 써서 가지고 있다가 대통령이 물을 때면 보고했다. 더러 대통령이 전화를 해서 "얼마가 있어요?"라고 확인하기도 했다. 박근혜 대통령은 이재만 비서관이 보관하고 있는 국정원에서 보낸 돈을 명절이나 휴가 때 비서실장, 경호실장, 안보실장에게는 2000만 원씩 지급하고 경비와 요리사 등 직원에게 격려금으로 지급하게 했다. 대통령의 해외순방이 끝나고 돌아오면 수석비서관들에게 국정원에서 온 돈으로 격려금을 지급하고 청와대 내부인사의 자녀 결혼, 수술 등의 경우에도 그 돈이 사용됐다. 요리사의 전별금도 그 돈에서 나갔다. 박근혜 대통령을 측근에서 보좌하는 문고리 삼인방도 국정원 돈을 매달 받았다.

2017년 10월31일 서울중앙지검 622호 검사실에서 이재만 비서관이 조사받고 있었다.

"문고리 삼인방이라는 얘기를 들어봤나요?"

검사가 물었다.

"그건 저희 비서관 세 사람의 업무가 대통령과 직접 대면할 기회가 많고 보고서를 정리해서 대통령에게 드리기 때문입니다. 세 명이 대통령과 특별한 관계라기보다는 업무가 대통령과 가깝기 때문입니다. 역대 어떤 정부도 마찬가지입니다. 저희 세 명에 대해 문고리 삼인방이라고 부르는 것은 적절하지 않은 것 같습니다."

"박근혜 대통령은 역대 다른 대통령들에 비해 직접 대면(對面)보고를 받지 않고 거의 서면보고를 받았다고 하는데 맞나요?"

"그런 평가가 있는 것은 사실입니다."

"피의자는 국정원으로부터 받은 돈 봉투를 어떻게 했나요?"

"대통령에게 올렸더니 다시 봉투째 내려왔습니다. 그래서 제가 봉투를 따로 관리하고 있었습니다. 그 이후에도 한두 번 봉투를 받아 올렸더니 같은 방법으로 다시 내려주셨던 것으로 기억합니다. 그 이후에는 별도로 대통령께 올려드리지는 않고 제가 관리를 했습니다."

"대통령이 받은 금액 전부를 내려주던가요?"

"제 기억에 국정원에서 보낸 봉투 그대로 내려줬던 것으로 기억합니다."

"피의자가 관리를 했다는 것은 무슨 말인가요?"

"대통령님께서 지시가 있을 때 제가 청와대의 특수활동비에 준해서 관리를 했다는 뜻입니다."

"그 돈은 어떤 용도로 사용됐나요?"

"국정 최고 책임자의 통일, 외교, 국방, 안보 등 기밀을 요하는 국정수행 활동과정에서 집행되는 비용이어서 말씀드릴 수 없습니다. 청와대도 국가정보원과 같이 국가기밀이나 안보에 관한 기밀한 사업 내용들이 많기 때문에 그런 부분에서 연계성이 있고 역대 관행이 그랬기 때문에 그렇게 처리를 한 것입니다."

2018년 6월5일 이재만 비서관은 법정에 증인으로 나왔다. 검사가 그에게 물었다.

"증인은 국정원 자금을 어떻게 대통령에게 올렸나요? 구체적으로 말씀하시죠."

"대통령이 매월 한두 번씩 돈을 요청했고 한 번 올려드리는 돈이 평균 2000만 원이고 많게는 1억 2000만 원이었습니다. 3000만 원, 5000만 원, 6000만 원을 쇼핑백에 담아 올렸습니다. 국정원에서 온 띠지가 그대로 묶인 상태였습니다."

"국정원에서 온 자금을 대통령이 쓴 부분과 증인이 금고에 보관하면서 격려금 등으로 사용한 비율은 어떻게 되나요?"

"대통령에게 올려드리는 국정원 자금은 60~65% 정도고 제가 사무실 금고에 보관하는 것은 35~40% 정도였습니다. 제가 평소에 계산해 보곤 했습니다."

"박근혜 전 대통령이 제출한 진술서를 보면 이 국정원 자금이 어떻게 쓰였는지 전혀 보고받은 바가 없다고 하는데 어떻습니까?"

"제가 보고 드렸고 잔액을 적은 문건도 드렸습니다. 그 집행내역을 아는 사람은 저와 박근혜 대통령 두 사람뿐입니다."

"문고리 삼인방의 다른 사람인 정호성 비서관은 증인에게서 매월 1000만 원을 받아서 그 돈으로 박근혜 대통령의 삼성동 사저 관리비용, 기(氣) 치료, 운동치료, 대포폰 요금 등에 사용했다고 하는데 사실인가요?"

"돈을 주기만 했지 어떻게 쓰이는지는 몰랐습니다."

"국정원에서 온 돈 중 대통령이 관리하는 60%는 어디에 사용됐나요?"

"제가 여쭈어 본 적도 없고 관여한 적도 없지만 대통령이 격려할 곳이 엄청 많습니다. 제 생각으로는 격려금으로 쓰지 않았을까 합니다."

"최순실의 국정농단 사태가 벌어졌을 때 국정원의 청와대 자금지원이 중단됐죠? 왜 그랬습니까?"

"어느 날 오후에 안봉근 비서관이 제 사무실로 와서 '이거 계속해도 되나'라고 혼잣말같이 얘기한 적이 있구요. 그래서 제가 '그러면 말씀드려 보든지' 하고 얘기한 적이 있습니다."

"증인은 검찰조사 과정에서 최순실이 작성한 메모를 본 적이 있지요? 그 메모를 보면 국정원의 자금내역이 정확하게 기재되어 있는데 최순실이 어떻게 그 내역을 알고 있나요?"

"저는 모릅니다."

"증인이 국정원 자금을 쇼핑백에 담아 대통령 관저의 서재로 갈 때 최순실과 마주친 적이 있지요?"

"그렇습니다."

다음은 변호인이 물었다.

"증인이 처음 국회의원 박근혜의 보좌관으로 채용될 때 정윤회와 최순실 부부가 면접을 진행했죠?"

"정윤회 비서실장이 면접을 보았습니다."

"증인을 포함한 속칭 문고리 삼인방은 박근혜 대통령과 함께 기소된 상태죠?"

"공동정범(共同正犯)으로 기소됐습니다."

"박근혜 대통령의 성향상 국정원 돈에 대해서는 비서관인 증인에게 모두 일임했을 것 같은데 어떤가요?"

"그렇지 않습니다. 저는 그 사용 대상, 격려금 지급 대상과 그 금액 이런 부분에 대해서 대통령의 말씀에 따라서 지출하는 것이지 제가 그런 부분을 결정하거나 그런 적이 없습니다."

"증인은 살고 있는 아파트 구입 경위에 대해 추궁받으신 사실이 있지요? 일년 만에 아파트 대출금을 전액 상환했던데 검찰에서는 그 돈에 국정원의 돈이 들어간 것으로 의심하는데 어떤가요?"

"다 문제없는 것으로 소명되었습니다."

"최순실은 2015년 말 독일로 가기 전에 증인을 만나 '그동안 수고했는데 퇴직금도 제대로 주지 못해 어떡하느냐'라는 말을 한 적이 있다고 하는데 사실인가요?"

"만난 적 없습니다."

"최순실이 출국할 무렵 통화를 한 적은 있나요?"

"출국하던 날 통화를 했습니다."

"어떤 얘기를 나누었나요?"

"당시 언론에 나오는 국정농단 등의 내용에 관해서 이야기했던 것 같습니다."

"대통령이 격려비 등을 지급할 때 그 금액은 어떻게 정했나요?"

"박근혜 대통령이 구체적인 액수까지 말씀해 주셨습니다."

7:

국정원 기조실장

2017년 10월24일부터 국정원 기조실장 이헌수는 서울중앙지검에서 조사를 받았다. 국정원은 그 조직은 물론 사업이나 예산은 극비(極祕) 사항이었다. 조직원들은 목숨보다 비밀을 더 중요시했다. 국정원의 은밀한 활동에는 공작비가 있었다. 정보예산인 공작비를 어디에 어떻게 사용했느냐는 극비였다. 비밀공작 그 자체가 폭로될 우려가 있기 때문이다. 핵을 개발하거나 첨단 기술을 위해 국가적으로 설계도가 필요할 때가 있기도 하다. 국내 과학자들의 연구가 미진하고 시간이 급할 경우는 국정원의 비밀공작 요원이 목숨을 걸고 다른 나라에서 그걸 빼내올 수도 있다. 그 과정에서 외국의 기술자를 매수할 수도 있고 그 방법이 다양하다. 북한에 스파이망을 형성하거나 김정은의 암살을 위해 킬러를 고용할 수도 있다. 탈레반이나 소말리아의 해적이 대한민국 국민을 납치한 경우 은밀히 협상자금이 오가기도 할 수 있다. 비밀 정보예산이 그런 때 쓰이는 것이다.

공작비로 쓰이는 그런 정보예산은 돈의 흐름 자체도 비밀이다. 흐름이 노출되면 공작의 낌새가 노출될 우려가 있기 때문이다. 정보기관은 자금의 흐름을 위장하기 위해 여러 단체 이름으로 통장을 만들기도 하고 예산 자체도 위장단체의 이름으로 계좌를 만들어 보관한다. 정보기관의 예산 자체 역시 예비비 형식으로 숨겨놓기도 했다. 국가의 그런 정보예산을 총괄하는 중요한 인물이 국정원 기조실장이었다. 기조실장으로서는 기밀유지가 목숨보다 중요한 사항이었다. 그런 국정원의 기조실장이 검찰에서 많은 비밀을 털어놓은 것 같았다. 검찰조서에는 그가 검사에게 털어놓은 내용들이 기록되어 있었다. 공개된 범죄내용과 관련된 대충의 상황은 이랬다.

"국정원장의 특수활동비를 청와대에 상납했습니까?"

검사가 물었다. 상납이라는 개념에서 악취가 풍기고 있었다.

"남재준, 이병기, 이병호 원장이 돈을 청와대에 주었습니다. 이병호 원장 때는 제가 현금을 007가방에 넣어 문고리 삼인방 중 하나인 안봉근 비서관에게 청와대 인근 도로가에서 은밀히 전달했습니다."

"최순실의 국정농단이 언론에서 문제가 될 때는 상납을 잠시 중단했었죠?"

"예, 안봉근 비서관이 저에게 청와대 내부가 복잡하니까 잠시 중단하자고 했습니다."

"이병호 국정원장 시절 어떻게 상납했나요?"

"2015년 3월 이병호 원장님이 취임하고 바로 청와대에 매달 돈을 가져다주라고 하셨습니다. 그래서 3월 하순에는 청와대 옆 골목길에서 안봉근 비서관의 차에 올라 돈 가방을 전달했고 4월에는 감사원 앞길, 5월에는 헌법재판소 부근에서 안봉근에게 주었습니다. 겁이 나서 장소를 바꾸어 가면서 전달했습니다."

"이병호 원장의 취임 이틀 후인 2015년 3월19일에 2억 원이 불출(不出)됐는데 무슨 돈인가요?"

"1억 원은 청와대에 가는 돈이고 나머지 1억 원은 매월 초 원장님이 가져가는 활동비입니다."

"돈을 상납하는 게 빠진 적은 없었나요?"

"그런 적이 한두 번 있었습니다."

"그런 때면 다음 달에 그 돈을 가져다 줬나요?"

"그런 적은 없습니다."

"그게 공식적인 청와대 경비라면 빠진 달의 돈을 보내 달라고 요구해야 맞지 않나요? 안봉근 비서관이 요구하지 않는 걸 보면 그 돈이 청와대 비용으로 사용되지 않은 것 같아 보이는데 어떤가요?"

검사는 질문의 화살을 문고리 삼인방 쪽으로 돌리고 있었다.

"안봉근에게서 연락이 오지 않았습니다. 안봉근 등 문고리 삼인방이 개인적으로 사용했을 가능성도 있습니다. 검사님 말씀대로 청와대 경비 등 공식적인 용도였으면 매달 주던 돈을 특정한 달에 주지 않았다면, 펑크가 났을 것이고 요청이 왔을 것으로 생각합니다. 그래서 개인적인 사용 가능성도 상당히 있는 것으로 생각합니다. 2015년 추석 무렵 이병호 원장님이 저를 불러 청와대에서 돈 쓸 일이 많이 있을 테니까 더 주라고 하셔서 2015년 추석과 2016년 설에 별도로 안봉근에게 1억 원씩을 더 주었습니다."

"대통령에게는 소액일 수도 있는 그 돈을 대통령이 국정원으로부터 위험하게 직접 받을 걸로는 보이지 않는데 어떤가요?"

"저도 그렇게 생각합니다."

"그 돈을 안봉근 비서관이나 문고리 삼인방이 받는 거는 아니었나요?"

"저도 그렇게 생각은 하는데 확인하지 않아서 딱히 말씀드리기는 어렵습니다."

"매달 돈을 주는 걸 한두 번 건너 뛴 적이 있다고 했죠? 그 돈을 대통령에게 가져다주는 거라고 생각했다면 그렇게 할 수 있을까요?"

"제가 생각해도 좀 이상하기는 합니다."

"그 외로 안봉근 비서관에게 돈을 준 적은 없나요?"

"안봉근 비서관을 만나 식사를 한 후 지갑을 털어서 돈을 준 적이 있습니다."

"그 돈은 어떤 돈인가요?"

"국정원 기조실장의 업무추진비에서 마련해 간 돈이었습니다."

"왜 줬습니까?"

"친분관계를 유지하고 원활한 업무협조를 위해서 줬습니다."

"원활한 업무협조란 무슨 의미죠?"

"당시 국정원의 정보국장이 저에 대해 안 좋은 이야기를 청와대 민정수석실에 전파하고 있다는 말을 수차 들었습니다. 제게 불이익이 있을까 염려했고 그에 대해 안봉근 비서관이 대통령에게 잘 건의해 주고 신경

써 달라는 취지였습니다."

"이병호 국정원장이 그 외 청와대의 다른 사람들에게 돈을 주지 않았나요?"

"취임 후 3개월 정도 지난 후라고 기억하는데 이병호 원장이 저에게 일부 수석과 비서관들에게 돈을 준다고 했습니다. 원장이 많은 특활비를 혼자 개인적으로 쓰는 것으로 제가 오해할까봐 일부러 그런 말을 하는 것 같았습니다."

"청와대의 어떤 수석실인가요?"

"정무수석실과 홍보수석실로 짐작했습니다. 정무수석실은 대(對) 국회 업무를 하니까 국회에서 국정원 얘기가 나왔을 때 도움을 받을 수 있고 홍보수석실은 언론인을 상대하니까 국정원에 대해 부정적인 기사가 안 나가도록 협조요청을 할 수 있는 관계입니다."

"2016년 4월13일 실시된 20대 국회의원 총선거와 관련하여 정무수석실에서 실시한 사전 여론조사 비용을 국정원의 예산으로 지원한 적이 있나요?"

"청와대 정무수석실의 비서관이 10억 원을 요청해서 제가 이병호 원장님께 보고하니까 반만 지원하라고 해서 5억 원을 시원했습니다."

조서에는 기조실장이 조사가 끝난 후 검찰청을 나와 이병호 원장에게 전화를 걸어 "원장님을 배신했습니다. 정말 죄송합니다"라고 말한 사실까지 기록되어 있었다. 9회에 걸친 국정원 기조실장의 조서를 보면 그가 아가미에 낚시가 꿴 물고기 신세 같다는 느낌이 들었다. 검사가 그의 어떤 약점을 잡고 원하는 대로 진술을 받아낸 것 같은 느낌이었다. 그의 진술이 결정적 근거가 되어 박근혜 대통령과 그 정권의 국정원장 세 명, 그리고 청와대 비서관 등 관련된 인물들이 모두 구속됐다.

8:

박근혜 前 대통령 정무비서관

　2018년 12월5일 나는 아침에 일어나 아파트 문 앞에 놓인 조선일보를 들고 안으로 들어왔다. 자유한국당의 친박계와 비박계가 화해를 모색하고 비박계가 박근혜 석방결의안을 추진한다는 기사가 나왔다. 친박의 윤상현 의원과 비박의 김무성 의원이 만나 '박근혜 전 대통령 석방 결의안'을 추진한다는 데 합의했다는 내용이었다. 그 사실이 알려지자 서청원 의원은 페이스북에서 "얼마 전까지 대통령을 탄핵시키고 구속시키는 데 앞장섰던 사람이 이제 와서 석방결의안을 내는 것은 철면피한 행위"라고 했다.

　한편 우파 인사들 사이에서는 박근혜 전 대통령도 책임을 인정하는 공식 입장을 내놓아야 한다는 공감대가 형성되어 있다고 전한다. 국회의원들은 그런 뜻을 박근혜 대통령에게 전달했으나 아무런 대답이 없다고 했다. 황교안 전 국무총리도 최근 세 차례나 박근혜 전 대통령 면회를 신청했으나 거절당했다고 한다. 태극기 집회 주최 측은 탄핵에 주도적인 역할을 한 인사들을 '탄핵 칠적'으로 지목하고 '화형식'을 진행할 계획이라고 한다. 신문은 박근혜 전 대통령이 석방되면 친박 신당이 탄생할 것이라고 보도했다. 박근혜는 특정지역에 볼펜만 꽂아도 국회의원들을 당선시킬 힘이 생기기 때문에 친박 정당의 탄생은 충분히 가능하다는 것이다. 노무현 대통령도 탄핵소추됐었다. 배경에는 기존의 엘리트 그룹에서 그를 대통령으로 인정하고 싶지 않은 저의(底意)가 있었다는 분석도 있다. 그렇다면 박근혜 대통령 탄핵의 정치적 배경은 무엇이었을까?

나는 재판기록 중에서 박근혜 전 대통령의 정무비서관이 2018년 4월 19일 서울중앙지방법원에서 증언을 한 녹취서를 찾아냈다. 그는 한국 최초로 전화 여론조사기관을 설립·운영하면서 1988년 제13대 총선 당시 서울·부산의 여론조사가 적중률 백퍼센트가 되면서 유명해졌다. 1992년 김영삼 대통령이 당선되면서 그는 여당에 들어가 공천심사, 선거기획 업무를 했고 2007년 경선 당시 박근혜 캠프에서 일했다. 그는 25년간 선거기획, 여론조사, 정치권 동향파악 업무를 해온 전문가라고 했다. 그는 박근혜 대통령이 당선되면서 청와대 정무비서관이 되어 20대 총선에서 중요한 역할을 한 인물이었다. 녹취서를 통해 그가 증인으로 출석한 법정 풍경의 일부를 들여다보았다.

"정무비서관의 역할이 뭡니까?"
변호인이 묻는 광경이 나온다.

"국회의원들을 자주 만나 식사도 하고 술자리도 갖고 하면서 그들의 민원을 들어주고 관계를 돈독히 하는 겁니다. 그래야 대통령이 추진하는 정책에 대한 입법이나 예산이 원활하게 이루어질 수 있습니다. 또 여당 중진들과 협조하면서 여당이 사실상 대통령에게 충성하는 정치집단으로 만들어야 합니다."

"2016년 20대 총선 무렵 여당 내 상황이 어땠습니까?"

"그 무렵 여당인 새누리당 내에서 김무성 대표를 지지하는 비박 세력과 친박간 당 주도권에 대한 헤게모니 싸움이 있었습니다. 당대표 선거에서 비주류인 김무성이 이기고 원내대표 선거에서 비주류인 유승민이 이겼습니다. 청와대가 밀리고 대통령이 장악하는 힘이 약해진 거죠. 당내에서 김무성계가 현역 의원이 더 많았습니다. 당시 TK지역 민심도 예전 같지 않았습니다. 소위 친박 후보들이 그 지역에서 인지도가 낮아서 고민이었습니다.

김무성 대표는 청와대가 공천을 주도하는 것을 견제하기 위해 오픈 프라이머리 제도를 내놓았습니다. 지역의 조직과 인물을 장악하고 있는 현역 의원에게 더 유리한 거죠. 그렇게 하면 비박계 세력들이 더욱 힘을 가질 것으로 봤습니다. 친박과 비바이 공천경선 과정에서 싸우게 되는데 김무성 대표가 말한 경선으로 할 경우 새누리당이 이긴다 해도 대통령의 리더십이 발휘되기 어렵다고 봤습니다. 사람은 굉장히 감정적입니다. 경선에서 진 후보는 차라리 야당을 찍지 같은 당이라도 경쟁 상대방을 찍지 않습니다. 사람들은 내가 속해 있던 사적인 라인 의식이 더 강하단 말입니다."

"당시 박근혜 대통령과 유승민 의원의 갈등은 어떤 것이었습니까?"

"유승민 의원이 '증세(增稅) 없는 복지는 허구'라고 해서 박근혜 대통령의 정책을 정면으로 비판해서 박근혜 대통령과의 갈등이 고조되고 있었습니다. 유승민 의원은 새누리당 원내대표로 국회연설에서 노무현 대통령에 대해 상당히 우호적인 발언을 하면서 박근혜 정부에 대해서는 비판적인 시각의 얘기를 했습니다. 공무원 연금법안 통과와 관련해서도 박근혜 대통령의 정책기조를 무시하고 그대로 통과시켜 버리는 일이 있었고 그래서 결국 새누리당 의원총회에서 유승민 의원을 사퇴하도록 조치가 된 겁니다.

박근혜 대통령과 유승민 의원 사이에는 정책적인 적대감 이상으로 감정대립이 있었습니다. 저는 박근혜 대통령을 모시기도 하고 또 유승민 의원과 굉장히 가까웠던 사람인데 두 분이 굉장히 가깝다가 적대적이 됐습니다. 중간에서 보면 이해할 수 없는 일들이 있었습니다. 예를 들면 유승민 의원의 아버지 되시는 유수호 의원이 돌아가셨을 때 대통령이 상가(喪家)에 꽃을 보내지 않았습니다. 박근혜 대통령이 유승민 의원의 지구당사에 붙은 박근혜 대통령의 사진을 떼라고 했습니다. 주위에서도 말도 안 되는 소리라고 했습니다. 그래서 제가 주저하고 있으면 정무수석이 저에게 '야, 너 어떻게 하려고 그래? 할매가 지금 난리 났다. 어떻게 됐느냐고 또 전화 왔다'라고 하면서 저를 들들 볶았습니다. 그래서 하는 수 없이 당 사무처 직원을 시켜 대통령 사진은 새누리당 재산이니까 돌려달라고 했습니다."

"정무수석은 박근혜 대통령을 '할매'라고 표현한 적이 없다고 하는데

요?"

"참 기가 막힙니다. 그렇다면 제가 미친놈이란 말입니까? 대통령께서 하루에 많을 때는 열몇 번씩 전화를 하십니다. 대통령의 성격이 급하단 말입니다. 그럴 때면 정무수석이 '할매 또 전화 왔다'라든가 '니 할매 성격 모르나 할매 봐라'라는 표현을 자주 썼습니다. 그렇게 박근혜 대통령하고 유승민 의원이 싸우는 모습을 보이니까 대구에서 대이변이 일어났습니다. 민주당 출신 의원들이 당선이 된 겁니다. 그런 일들이 벌어지니까 박근혜 대통령이 탄핵이 되고 비서관인 저도 이렇게 수의(囚衣)를 입고 이 자리에서 이런 비참한 말을 하고 있는 겁니다."

"당시 공천관리위원회를 출범했죠? 위원장 선정의 경위가 어떻게 된 겁니까?"

검사가 물었다.

"박근혜 대통령이 공천위원장을 이한구 의원으로 하라고 지시했습니다. 정무수석이 대통령이 지시한 사항을 저에게 설명해 줬습니다. 공천관리위원회 구성은 정치권이 아닌 비정치권 인사를 많이 포함시켰습니다. 원내 5명, 원외 6명으로 공천심사위원 구성을 했는데 11명 중 8명이 친박 인물이었습니다. 저희는 친박 인물 리스트와 그에 대한 여론조사 결과를 봉투에 담아 박근혜 대통령에게 친전(親展)으로 올렸습니다. 정무수석이 대통령과 직접 통화도 하고 대통령이 어떤 반응을 보였는지 저에게 수시로 알려주었습니다."

"이한구 의원을 공천심사위원장으로 하는 데 대해 다른 사람들은 대통령의 지시가 없었다고 하는데 증인만 왜 그렇게 말을 하나요?"

"당의 김무성 대표가 이한구 의원이 공천심사위원장이 되는 걸 아주 싫어했습니다. 김무성 대표가 그렇게 안 받으려고 강력히 반발했는데도 됐다면 대통령의 지시가 아니고 어떻게 그럴 수가 있을까요? 답을 한번 상상해 보시죠."

"청와대에서는 공천에 어떻게 관여했나요?"

"대통령이 정무수석을 통해 누구는 되고 누구는 안 되고를 직접 지시한 것으로 압니다. 친박이 없는 지역도 있었습니다. 전통적으로 새누리당이 많이 당선되는 양천갑의 경우는 기자 출신 길정우 의원이 있었는데 이분이 국회의원 활동이 약해서 교체하기로 하고 친박을 데리고 오기로 했습니다. 친박 인물 리스트를 만든 후에 선거운동을 주도할 키맨을 정했습니다. 안대희 후보의 경우 원래는 부산 지역 키맨으로 내세웠었는데 서울 강북 지역으로 옮기게 했습니다. 공천행위가 한 번으로, 한 프로세스로 끝나는 게 아닙니다. 대구 같은 경우 우선 누구를 배제하느냐의 문제가 제기됩니다.

국회의원 하나를 목을 자른다는 게 얼마나 어려운 일인지 모릅니다. 박근혜 대통령은 유승민 의원과의 갈등이 특히 심해 유 의원을 공천에서 배제하려고 했습니다. 유 의원과 그 계열이라고 알려진 세 분이 일차 타깃이 됐죠. 박근혜 대통령은 유 의원의 지역구인 대구 동구을에는 끝까지 대항마를 내세우라고 지시했습니다. 그래서 대항마로 대구 동구청장을 내세우고 그 경쟁력을 확인하기 위해 여론조사를 통해 지지율을 반복적으로 확인했습니다. 그래도 경선 운동과정에서 지속적으로 지지율이 반등되지 않고 유승민 의원의 지지율이 압도적으로 높았습니다. 박근혜 대통령이 경선 경쟁과정을 보고 정무수석에게 전화를 걸어 대항마인 후보가 연설을 잘못한다고 지적을 하기도 했습니다.

정무수석은 박근혜 대통령이 계속 채근을 해서 힘들다고 저에게 말하기도 했습니다. 그때 박근혜 대통령은 유승민의 대항마가 연설하는 데 사용할 연설문을 아예 친전 봉투로 정무수석에게 보낸 적도 있습니다. 정무수석이 봉투에 있는 연설문을 꺼내 흔들면서 저에게 '이거 봐라, 할매가 직접 연설문을 보냈다'라고 하기도 했습니다. 그걸 보냈는데도 대항마인 후보의 지지율이 유승민 의원에 비해 낮았고 시간이 갈수록 차이가 벌어졌습니다. 대항마인 후보의 지지율이 반등되지 않자 마지막 공천 발표 때 공천관리위원회에서는 대구 동구을 지역구에 대해 대항마인 후보자로 단수 공천하는 것으로 발표해 버렸습니다. 김무성 당대표가 도장을 찍지 않고 다른 곳으로 가버리는 방법으로 그걸 끝까지 승인하지 않았습니다. 언론에서 말하는 옥새파동이죠."

"청와대에서는 공천에 어떻게 영향을 끼쳤습니까?"

"저희 청와대 정무수석실에서는 친박 인물들에게 유리한 방식을 새누리당 공천룰로 하려고 했습니다. 김무성계에 대응하고 현역 의원을 자를 수 있는 명분은 새로운 인물, 정치신인들이 등용될 수 있도록 해야 한다는 것이었습니다. 청와대에서는 여론조사 결과 및 경선 및 선거전략 자료, 친박 인물 현황 및 청와대에서 누구를 지지하는지에 대한 자료를 공천관리위원장에게 수시로 전달했습니다. 당시 정무수석이 공천관리위원장을 만나러 갈 때 자료를 준비해 드렸습니다. 공천에서 청와대의 의사를 반영하기 위한 것이죠. 공천경선과 관련해서 여론조사를 어떻게 할

것인지 그 결과를 어떻게 반영하면 친박에 유리한지에 대한 자료도 공천
심사위원장에게 넘겨주었습니다."

"당시 정무수석과 공천심사위원장이 광화문 플라자 호텔에서 만나는
것이 언론에 노출될 뻔했던 적이 있지요?"

"당시 정무수석은 기자들을 피해서 뒷문으로 빠져 나갔고 나중에 언
론을 상대로 자신은 공천심사위원장을 만난 적이 없다는 식으로 부인했
습니다."

"정무수석실에서 하는 여론조사는 어떤 것입니까?"

"대통령의 정책을 국민이 지지하는지 혹은 지지 않으면 어떤 사유 때
문인지를 알아보기 위한 것입니다."

"총선에서 후보자들에 대해 여론조사는 왜 했죠?"

"청와대에서 국회의원 선거에 미리 전략을 수립하는 것이 역대의 관행
이었습니다. 전통적으로 우리 대통령제가 정당을 표방하고 대통령 당선
이 되는 것 아닙니까? 그러다 보니까 정무수석실이 대통령 입장을 대변
해서 여론조사를 했는데 역대 정권이 쉬쉬하면서 했죠. 왜냐하면 그 자
체가 문제되니까요."

"위법이어서 그랬습니까?"

"우리 한국정치라는 게 굉장히 우습습니다. 지향하는 게 굉장히 유토
피아적입니다. 굉장히 깨끗해야 하고 비용도 쓰지 말아야 하고 실제와는
정반대입니다. 그러니까 법으로 하면 한국 정치인은 다 걸리게 됩니다.
걸리면 죽는 거죠. 그러니까 모든 일을 아주 비밀리에 합니다. 걸리면 불
법이고 걸리지 않으면 합법이 되는 겁니다. 우스운 말로 국회의원 급여가

은행지점장하고 비슷하지 않습니까? 그걸 가지고 지부장도 서넛 돌려야 하고 사모님한테도 줘야 하고 자기도 골프치고 술 먹어야 하고, 불가능하죠. 냉정하게 말하면 전부 다 뒷돈이 있다는 겁니다. 그렇다고 국회의원 300명이 다 구속되는 건 아니죠. 현저한 문제가 생길 때만 그분들이 구속되는 거죠."

"친박인가 비박인가의 구별은 어떻게 하나요?"

"국회의원들은 이미 다 분류가 되어 있습니다. 정치를 모르는 분도 김무성 대표나 유승민 의원이 친박이 아닌 건 다 압니다. 제가 거의 다 기억을 합니다. 서울 종로의 오세훈은 비박, 중구 성동갑 지상욱은 친박, 대구 동구갑의 정종섭 친박, 서구 김상훈은 비박, 남구의 곽상도는 친박 그런 식입니다. 대구·경북 지역에서는 경선후보가 나서면 친박 지도부가 나가서 선거사무소를 방문한다거나 지지해 주면 그가 친박인 걸 당장 알죠. 부산·경남이라든가 강원도 등 다른 지역의 경선에서는 박근혜 대통령과 가까운 사람이 가면 그것으로 친박인가 여부가 가려지기도 합니다. 구별하기 어려운 경우 실세 분한테 물어봅니다. 당시 '진박 감별사'라는 말이 떠돌지 않았습니까? 소위 실세가 감별하는 거죠. 실세들의 회의체에서 '얘는 친박이라고 우기는데 아니야'라고 해서 빼기도 합니다. 정치신인을 데리고 오는 경우 우리가 모셔오면 적어도 그 순간은 친박은 되는 거죠. 공천이란 게 사실 어마어마한 이권(利權)이란 말입니다. 공천하는 것 자체가 거대한 권력행위란 말입니다."

"박근혜 대통령이 특히 관심을 가지는 지역은 어디였나요?"

"대구·경북 지역의 경우 박근혜 대통령에 대한 지지도가 높기 때문에 친박 인물을 공천시켜 국회의원으로 당선시키려는 게 청와대의 총선전략이었습니다. 그래서 대구·경북 지역에 어떤 인물을 후보자로 추천할 것인지에 대해서는 미리 박근혜 대통령에게 보고하고 승인을 받았습니다. 예를 들면 대구 달성군에 특정인물이 후보자로 나가려고 하자 박근혜 대통령이 반대해서 할 수 없이 해당 인물을 설득해 지역구를 옮기도록 한 적도 있습니다."

"친박계 의원에 대해 도전하는 비박계 후보자의 경우는 어떻게 했나요?"

"그런 지역은 경쟁하는 예비 후보자를 많이 만들어서 친박계 현역 의원이 쉽게 공천이 확정될 수 있도록 했습니다."

"공천이 끝난 후의 실제 선거 전략은 어땠나요?"

"처음에는 새누리당 쪽이 좋았습니다. 왜냐하면 야당이 민주당하고 안철수 당으로 두 개가 되어 버렸기 때문입니다. 선거하기는 편하게 된 거죠. 지역별로 누구를 핵심적인 인기몰이를 할 키맨으로 할 것인지를 정했습니다. 예를 들면 강북은 안대희, 강남은 조윤선을 중심으로 경선 및 선거운동을 하면 여권이 부각될 수 있습니다. 상징성 있는 친박계 의원들이 대통령의 복심을 반영해서 지역에 메시지를 던지는 겁니다. 당시 최고의 스타성을 획득한 분이 조윤선 정무수석인데, 강남에 조윤선 수석을 내세우고 바람몰이 핵심전략으로 하면 조윤선 본인에게도 유리하고 강남 벨트에서 다 통할 것으로 봤습니다. 새누리당이 전통적으로 약세지역인 강북의 경우는 믿고 맡기고 싶은 인물, 우리 지역이 낙후되어 있는데 저런 강한 분이 오면 좋겠다 하는 인물을 구했습니다. 그런 상징성을 가진 분이 대법관 출신인 안대희였습니다.

어떤 분을 키맨으로 할 것인가가 전략적 포인트죠. 부산·경남은 최경환, 충청도는 서청원·윤상현·홍문종 의원 등 중진의원이 특정 후보자의 선거사무소 개소식에 참여하여 지지를 호소하기도 합니다. 친박 후보들이 현장에서 강조할 핵심 워딩을 미리 맞추면 대통령의 국정기조를 확산시킬 수 있고 대통령의 인기가 높은 지역에서는 지지도가 높아지는 이점도 있습니다. 그런 전략보고서를 작성했습니다. 정무수석실에서는 총선을 앞두고 후보자나 예비후보자에 대한 대대적인 여론조사를 했습니다. 친박 인물들이 국회에 많이 진출할 수 있도록 하는 게 목표였습니다. 당시 박근혜 정부에서 추진하는 법안들이 국회 통과를 하지 못하고 있어 고민스러운 상황이었습니다."

"여론조사 비용은 어떻게 조달했나요?"

"정무수석실에 정상적으로 배정된 정책관련 여론조사 예산을 허위증빙을 하고 전용(轉用)하거나 국정원으로부터 은밀하게 조달을 받았습니다. 정무수석이 여론조사를 많이 하라고 하는 바람에 돈이 모자라게 되고 10억 원을 빌려야 되는데 국정원에서 10억 원은 많다고 해서 5억 원밖에 못 준 겁니다. 그러다 보니까 여론조사에 쓸 수 있는 돈이 거의 없어지게 돼 숫자가 많이 줄여지게 됐습니다. 선거 관련 여론조사 비용은 이전 정부에서도 받아왔습니다. 그래서 정무수석에게 보고했습니다. 정무수석은 비용이 부족할 정도로 열심히 했다는 걸 대통령에게 보이기 위해서 보고했을 것이라고 저는 생각합니다."

"당시 박근혜 대통령의 대구 서문시장 방문은 어떤 의미입니까?"

"세월호가 오랫동안 정치 공방화됐기 때문에 국정운영에 상당히 지장이 됐고 당시 저희 참모들의 입장에서는 대통령의 기운이 빠졌는데, 대통령께서 대구에 가셔서 지지자들한테 기운을 받아 오신다 이런 생각에서 행사를 준비했습니다. 그래서 정치적으로 이용당하지 않기 위해서 친박이든 비박이든 대구·경북 지역 현역 국회의원 누구도 행사장에 동행하지 못하도록 조치했습니다. 대구 지역 국회의원들은 박근혜 대통령이 대구·경북 지역에 미치는 영향력이 어떤 줄 알기 때문에 서문시장을 방문할 때 그 옆에 얼굴을 내비쳐 자신의 정치적 입지를 돈독하게 할 것이 분명했습니다. 그러자 대구 지역 국회의원들의 불만이 커졌고 비박들의 경우에는 20대 총선에서 자신들을 전부 교체하려는 것이 아닌가 불안해 했습니다.

당시 현지 반응 및 언론은 대구·경북 지역 물갈이를 위한 신호탄으로 해석해서 박근혜 대통령이 일부러 기존 현역 국회의원들을 전혀 만나지 않고 새롭게 물갈이를 하기 위한 대체 인물들의 주요 후보인 청와대 관계자들만 동행하여 대구 지역에서 선을 보이는 그런 자리인 것처럼 보도했습니다. 언론은 안종범 경제수석과 제가 출마하려는 걸 이슈화 시키면서 상당히 자극적인 기사를 썼습니다. 그 보도를 보고 박근혜 대통령이 청와대 비서관들이 서문시장 방문행사를 정치적인 이익을 위해 이용한 것으로 오해하시고 상당히 화가 많이 나셨는지 안종범 경제수석에게 총선에 나갈 거면 당장 사표 쓰고 나가라고 했고 안종범 경제수석은 총선에 나가지 않기로 다짐했습니다. 저도 그때 총선출마를 포기했습니다."

"증인은 총선이 끝난 후 청와대를 그만두게 됐죠? 왜 그랬습니까?"

"30년 가까이 정치판에서 실무책임자 계급으로 있었습니다. 이름 앞의 타이틀만 비서관이나 연구소 부소장으로 바뀌었지 윗분 한 분만 모시고 사는 입장이었습니다. 어느새 나이가 오십대 중반이 됐고 국회의원 초선들은 대부분 후배들이었습니다. 제가 데리고 있던 사람들이 국회의원이 됐습니다. 저는 법률전문직도 아니고 과학전문직도 아닌 정치판의 내부에서 큰 사람입니다. 저 같은 사람들은 일찍 국회의원으로 나가지 않으면 안하는 게 맞습니다. 정무비서관을 하면서 지역구나 비례대표로 나가 보려고 꿈을 꾸었는데 박근혜 대통령으로부터 거부당했습니다. 대구에서 나가보기로 하고 말씀드려 본 적이 있는데 박근혜 대통령이 지역구 배정을 허락하지 않았습니다. 그 후에 비례대표 후보 추천을 할 때 요청을 했는데 결국 공천을 받지 못했습니다. 더 이상 정무수석실에 근무하기가 곤란했습니다. 나오게 된 거죠."

정무비서관의 법정에서의 증언은 상당히 신빙성이 있는 것 같아 보였다.

9:

박근혜의 의견서

나는 2017년 3월29일경의 기사들을 살펴보았다. 언론은 검찰의 박근혜 前 대통령에 대한 구속영장 청구서를 인용해 구속사유를 이렇게 보도하고 있었다.

〈박근혜 전 대통령은 사익추구를 위해 대통령의 권한을 남용하여 공범인 최순실과 함께 대기업들로 하여금 미르·K스포츠 재단에 돈을 내도록 강요하고 이어 삼성 부회장 이재용으로부터 경영지배권 승계와 관련된 청탁과 함께 300억에 이르는 거액의 뇌물을 수수했다. 동시에 최순실이 인사, 외교, 정책 등 국정현안 전반에 개입하게 해 소위 비선실세 국정농단을 초래했다.

피의자 박근혜는 범행을 부인하고 있으며 본격적인 수사가 진행되자 청와대 비서진들을 통해 대응책을 마련해 관련자들에게 허위진술을 요청하는 등 적극적으로 증거를 인멸한 사실이 확인됐다. 최순실이 해외에 도피한 동안에도 차명전화를 이용해 수사에 대비했다. 그 외 국정원장들로부터 매월 뇌물을 상납받은 국고손실죄가 있었다.〉

검찰의 수사내용과 언론의 보도가 헌법재판소의 탄핵의 근거가 되어 있었다. 야당과 일반 국민 사이에서 가장 박근혜 전 대통령이 의혹을 받는 부분은 세월호 사건이 발생되고 초기 7시간 동안 어디서 무엇을 했느냐는 점이었다. 이에 대해 박근혜 전 대통령은 2017년 2월27일 헌법재판소에 이런 내용의 의견서를 제출했다.

〈저는 최종변론을 준비하면서 지난 4년간의 대통령 재임기간을 되돌아보았습니다. 대통령으로 취임해 지금에 이르기까지 단 한순간도 개인의 유·불리를 따지지 않고 국민을 위해 최선을 다했습니다. 저는 20년간의 정치여정에서 단 한 번도 부정부패에 연루된 적이 없습니다. 땀 흘린 만큼 보상받고 법과 원칙을 지키는 사람들이 잘되는 세상을 만드는 것이 제 소망이었습니다. 이 땅의 모든 우리 아이들이 자신의 꿈을 펼쳐나갈 수 있고 모든 아이들이 학교를 졸업하고 자신의 꿈을 펼칠 수 있게 풍요로운 나라를 만드는 것이었습니다. 이런 신념을 가지고 펼쳐왔던 많은 정책들이 모두 부정되는 현실이 참담하고 안타까운 심정입니다.

최순실과 저의 관계를 말씀드리겠습니다. 여러분들도 아시다시피 어려운 시절을 보내면서 많은 사람들이 등을 돌리는 아픔을 겪었습니다. 최순실은 이런 저에게 지난 40여 년간 옷이나 생필품 등 소소한 것을 가족같이 챙겨준 사람이었습니다.

그동안의 정치생활을 하면서 국민들에게 전하는 메시지를 보좌관들과 만들었지만 때로는 전문적인 용어로 인해 그것이 제대로 국민에게 전달되지 않는 것을 경험했습니다. 그래서 이해하기 쉽고 공감할 수 있는 표현에 대해 최순실에게 물어본 적이 있었고 쉬운 표현을 듣기도 했습니다. 그럴 때마다 최순실은 어떤 사심을 내비치거나 부정한 일에 연루된 적이 없어 제가 최순실을 믿었던 것입니다. 저의 그런 믿음을 경계했어야 하는데 지금에 와서는 그런 후회가 들기도 합니다.

그 외 최순실과 정책사항이나 인사, 외교와 관련된 많은 문건을 주고받아 국정을 농단했다는 주장은 전혀 사실이 아닙니다. 최순실은 유치원을 오래했지만 외교에 전문성이 있는 사람이 아닙니다. 그가 외교에 관련됐다는 것은 애초부터 생각할 수 없는 이야기입니다. 또한 최순실이 추천한 인사가 공직에 임명된 적도 없습니다.

세월호 침몰 당시 제가 관저에서 미용시술을 받았다거나 의료처치를 받았다는 얘기가 돌지만 그것은 사실이 아닙니다. 그날 저는 관저 집무실에서 국가안보실과 정무수석실로부터 지속적으로 보고받았고 국가안보실장과 해경청장에게 인명피해가 발생하지 않도록 하라고 수회에 걸쳐 지시했습니다. 다만 전문가가 아닌 대통령이 구조작업에는 전혀 도움이 되지 않고 방해만 된다고 판단해 구조 상황에 대한 진척된 보고를 기다렸습니다.

전원구조라는 연이은 보도 및 관련부서로부터 받은 통계에 오류가 있다는 보고를 받고 즉시 중앙대책본부 방문을 지시했고 관계 공무원들에게 구조와 사고 수습에 최선을 다할 것을 명령했습니다.

미르·K스포츠 재단에 대해 말씀드리겠습니다. 세계경제가 제조업 성장의 한계에 부딪친 현 시점에서 문화가 고(高)부가가치 산업이고 한 나라의 정신이라고 생각했습니다. 저는 문화에 대한 기업투자를 강조해 왔고 기업들도 한류가 전파되면 사업에 도움이 된다며 저에게 공감해 주었습니다. 전경련 주도로 재단이 만들어진다는 것을 보고받았을 때 저는 고마움을 느꼈고 정부가 도와줄 수 있는 게 있으면 적극적으로 도와주라고 지시했습니다. 그런데 제 선의가 제가 믿었던 사람으로 인해 왜곡되고 기업 관계자들이 검찰과 특검에 소환되어 조사를 받고 뇌물공여자로 구속까지 되는 걸 보면서 너무나 가슴이 아팠습니다. 저는 공직에 있는 동안 어떤 것도 받지 않으려고 노력해 왔습니다. 이재용 부회장을 비롯해 누구에게서든 부정한 청탁을 받거나 들어준 사실이 없습니다.

다음으로 대통령이 특정기업의 납품이나 사기업에 개입했다는 의혹에 대해 말씀드립니다. 저는 이십대 초반 이머님을 어의고 아버님을 모시며 퍼스트레이디를 하면서 담당부서들이 잘 처리하고 있는지 일일이 확인해야만 마음이 놓였으며 영세한 기업이나 어렵고 소외된 계층의 말을 조금이라도 들어주는 것이 좋다고 생각해 왔습니다. 최순실이 저에게 소개했던 기업도 그런 차원에서 활로를 알아봐 주라고 관련수석에게 말했던 것이며 최순실의 지인이 경영하는 회사이고 최순실이 금품을 받은 사실은 전혀 알지 못했으며 상상조차 하지 못했습니다.

　이번 사건을 겪으면서 주변을 관리하지 못한 저의 불찰로 인해 국민들의 마음을 상하게 한 것에 대해서 다시 한번 말씀드립니다. 그러나 개인적인 이익을 추구하기 위해 제게 주어진 대통령의 권한을 남용한 적은 없습니다. 다수로부터 소수를 배려하면서 인간에 대한, 결과에 대한 정당성이 보장되는 대한민국을 만들고 싶었습니다. 대통령으로 지난 시간들은 아쉬움도 많았지만 국민 여러분과 함께 할 수 있어서 행복했습니다.

2017년 2월27일

대통령 박근혜〉

10:

삼성동 사저의 돈

2018년 5월25일 최순실의 조카 장시호가 법정에서 증언을 했다. 장시호는 검찰에 최대한 협조했다는 공로자로 평가되는 걸 언론에서 보기도 했다. 녹취서 속에서 검사가 장시호를 앞에 앉혀놓고 묻고 있는 장면을 보기 시작했다.

"증인은 최순실과 어떤 사이죠?"

"이모와 조카 사이입니다."

"박근혜 대통령과 최순실의 관계는 어땠나요?"

"이모인 최순실은 오랫동안 박근혜 대통령의 삼성동 사저를 출입하면서 박근혜 대통령의 생활 전반을 관리했습니다. 이모 최순실이 모친상을 당했을 때 안봉근 비서관이 빈소에서 방명록을 챙기기도 하고 저의 어머니가 암수술을 받았을 때 병문안을 온 적도 있습니다. 이모 최순실은 안봉근 비서관이 운전하는 차를 타고 청와대로 가곤 했습니다. 이모인 최순실은 청와대에 있는 박근혜 대통령에게 옷, 안약, 비타민, 화장품, 잠옷, 속옷을 사다 줬습니다. 제가 이모 최순실과 함께 살 때 매일 같이 청와대에 갔습니다."

"그 비용을 누가 부담했나요?"

"그건 잘 모르겠습니다. 이모 최순실은 카페 등 사업이 제대로 되지 않아 수입이 없는 상태에 부리는 사람 월급을 줘야 했습니다. 필요한 비용은 아마 대통령으로부터 받은 것으로 생각합니다."

"증인은 2016년 12월경 최순실로부터 삼성동 박근혜 대통령 사저에 보관해 둔 현금에 대해서 들은 사실이 있다고 했죠?"

"그렇습니다. 검찰청에서 조사를 받고 있는 이모 최순실을 만나러 갔었는데 검사가 잠시 없는 틈을 타서 이모가 저에게 삼성동 박근혜 대통령 사저에 가서 경비에게 이모 최순실 심부름을 왔다고 하면 문을 열어 줄 거라고 했습니다. 삼성동 사저 2층 방 침대 아래 금고에 돈이 있다고 하면서 그 돈을 딸 유라에게 전달해 달라고 했습니다. 저보고 그 돈으로 아이들을 잘 키우라고 했습니다."

"그게 최순실의 돈입니까? 박근혜 대통령의 돈입니까?"

"그건 잘 모르겠습니다."

"최순실의 돈이라면 대통령의 사저에 있을 이유가 없지 않나요?"

"잘 모르겠습니다."

"그 현금은 아이들을 키울 정도의 큰 돈이었나요?"

"적은 금액은 아니라고 생각했습니다."

"이모 최순실이 삼성동 박근혜 대통령의 사저를 관리했나요?"

"그런 것으로 알고 있습니다."

박근혜 대통령은 국정원에서 매달 보내는 돈을 총무비서관에게 보관시키면서 그때그때 가져오라고 했다. 비서관은 현찰을 쇼핑백에 담아 대통령의 서재에 가져다 놓았다. 그런 때 대통령의 관저에서 종종 최순실과 마주쳤다고 했다. 어쩌면 최순실이 그 돈을 가져다 보관하고 사용했는지도 모른다는 생각이 들었다. 나는 최순실 밑에서 박근혜 대통령의 의상과 백을 만들던 고영태의 증언 녹취서를 찾아보았다.

2018년 6월5일 증인으로 나온 고영태가 검사의 질문에 이렇게 대답하고 있었다.

"증인은 최순실을 어떻게 알았죠?"

"제가 여성용 백을 만들고 있었는데 저에게 가방 주문을 하는 고객으로 알게 됐습니다. 최순실 씨가 요청하는 디자인으로 만들었던 가방이 박근혜 대통령이 사용하는 가방인 걸 알았습니다."

"박근혜 대통령 의상도 만들게 된 경위는 어떤가요?"

"최순실 씨가 하루 만에 가방을 만들어 달라고 할 때가 있었습니다. 옷이 먼저 결정되어야 가방도 만들 수 있다고 하면서 급하게 하면 제대로 된 가방이 나올 수가 없다고 했더니 그러면 대통령이 입을 옷을 만들 사람들을 구해 보라고 했습니다. 최순실이 패턴사, 재단사, 디자이너를 직접 면접도 보고 테스트도 해서 뽑았습니다. 안봉근 비서관이 신사동에 있는 빌딩 3층에 사무실을 계약해 의상을 만들기 시작했습니다."

"직원 월급은 어떤 방식으로 지급했나요?"

"최순실이 돈 묶음이 들어있는 노란봉투나 쇼핑백을 주었습니다. 돈다 발은 시중은행에서 사용하지 않는 특이한 띠지로 묶여있었습니다. 그래서 청와대나 혹은 정부에서 나오는 돈이라고 생각했습니다. 그러다 2014년 말경 대통령 전용 의상실을 그만두었습니다."

"그만둔 이유가 무엇인가요?"

"당시 제가 최순실한테 차은택이라는 사람을 소개해 줬습니다. 그런데 그 사람들이 제 판단에 이건 좀 아니라는 일들이나 제가 할 수 없는 일을 진행하고 있어서 제가 그런 일은 능력이 없어 하지 못하겠다고 하고 나왔습니다. 저는 가방이나 의상을 만드는 일만 할 수 있었습니다."

묘한 뉘앙스가 들어있는 대답이었다. 차은택을 소개한 경위나 그들이 하는 일에 대한 질문이나 답변은 없었다. 검사는 질문의 방향을 바꾸었다.

"최순실은 대통령을 수행하는 행정관을 어떻게 대했나요?"

"제가 처음에는 그 사람이 최순실의 개인비서인 줄 알았습니다. 사적인 심부름도 시키고 옆에서 보기 힘들 정도로 막 대했습니다. 예를 들면 차가운 얼음물 가지고 오라고 해서 얼음물 가져다주면 '내가 언제 차가운 물 가지고 오라고 했느냐 따뜻한 것 가지고 와야지'라든지, 오렌지 주스 가지고 오라고 해서 오렌지 주스 가져다주면 '내가 오렌지 주스 가

져오라고 했느냐 사과 주스 가지고 오라고 했지' 이런 식으로 좀 말이 안
되는 행동을 했습니다. 사람에 대한 존중이 전혀 없었습니다. 최순실이
일반 사람을 대할 때도 존중은 없었습니다. 심부름 시키는 사람이 청와
대 행정관인 것은 나중에야 알았습니다."

"최순실이 주는 돈은 최순실의 돈이라고 생각했나요? 아니면 대통령
의 돈이라고 생각했나요?"

"처음에는 최순실이 주는 돈이라고 생각했는데 시간이 지나면서 그
돈이 청와대에서 나오는구나라고 생각했습니다. 최순실이 청와대에 들어
갔다 나올 때마다 노란 봉투에 들은 돈을 가지고 왔습니다. 더러 서류봉
투도 있었습니다."

11 :

문고리 삼인방

2017년 10월31일부터 서울중앙지검에서 정호성 대통령 비서관이 조사를 받고 있었다.

"세간에서 소위 '문고리 삼인방'이라는 말이 있는데 그에 대해 어떻게 생각하나요?"

검사가 물었다.

"대통령께서는 사교적이거나 다른 사람과 교류가 많은 분이 아닙니다. 그러다 보니 저희를 통해서 말씀을 전달해 달라는 사람도 늘어나게 되고 외부에서 대통령을 만나거나 통화하기 위해서는 저희를 통하게 되었고 외부에서는 저희를 통해 대통령과의 만남을 요청하는 상황이 그런 말을 만들게 된 것 같습니다. 저희 보좌관 세 명은 아니라고 생각하는 부분은 가감 없이 대통령에게 이야기를 했고 한 번으로 안 되면 여러 번에 걸쳐서 저희가 생각하는 바를 전달했고 대통령이 저희들의 의견을 수용하게 되는 비율도 다른 사람에 비해서 높다 보니까 당 내부나 외부에서 상당한 영향력을 행사한다고 생각한 것 같습니다."

"국정원의 돈을 매달 청와대에서 받고 있던 사실을 알고 있죠?"

"남재준 원장 때부터 통치자금 용도로 받아온 사실을 알고 있습니다."

"통치자금이 뭔가요?"

"법적인 용어는 아니더라도 그동안 광범위하게 사용되어 온 용어이고 대통령이 격려금 등 이런저런 쓰일 곳이 많아서 그런 용도에 쓰이는 자금이라고 인식하고 있습니다."

"대통령이 왜 국정원의 돈을 빌나요?"

"그 당시에는 관행처럼 대통령이 통치자금을 받는 것이라고 생각을 했습니다."

"2016년 9월경 대통령에게 국정원에서 온 돈 2억 원을 전달한 일이 있죠?"

"그렇습니다. 오후 늦은 시간인데 대통령이 관저에 계셨습니다. 관저에서는 대통령께서도 편안한 차림으로 계시기 때문에 되도록 마주치지 않으려고 노력하는 편입니다. 대통령의 침실 탁자에 돈 가방을 놓고 경호원들이 있는 대기실로 가서 인터폰을 통해 대통령에게 '국정원에서 추석 때 쓰시라고 좀 보내왔습니다. 앞에 두었습니다'라고 말씀드리자 '아 그래요? 알겠어요'라고 얘기하셨습니다."

"추석 때 쓰라고 보낸 건지 어떻게 알고 있었죠?"

"국정원의 기조실장한테서 돈을 받을 때 '추석 때 쓰실 곳도 많은데 잘 올려 달라'는 취지의 말을 들었습니다. 그래서 대통령께도 그렇게 말씀을 드린 것 같습니다."

"대통령이 추석 때 어디에 그 돈을 사용하나요?"

"여기저기 격려금으로 사용될 것으로 생각합니다."

"격려금으로 2억 원씩이나 나가나요?"

"청와대 사람이 많으니 그 정도는 되지 않을까 생각합니다."

"대통령과 최순실의 관계는 어떤가요?"

"40년 동안 대통령과 함께 한 사람입니다. 최순실이 대통령의 취향을 잘 알고 케어를 잘하기 때문에 대통령이 많이 의지하고 기댔습니다. 대통령께서는 최순실에게 문제가 있다고 생각은 못했을 겁니다. 이렇게 큰 배신은 없다고 생각합니다."

"대통령 관저의 요리사의 진술에 의하면 최순실이 대통령 관저를 방문하는 경우 속칭 문고리 삼인방인 비서관과 응접실에서 회의를 했다고 하는데 어떤가요?"

"잠시 만나 인사하고 이야기를 나눈 정도지 회의라고 할 것은 아닙니다. 신문을 보고 최순실이 톡톡 던지는 말들이 있는데 예를 들어 '유승민은 왜 그래, 새누리당은 왜 그래?' 등으로 언론에 어떤 이슈가 나오면 저희에게 물어보곤 했습니다. 얘기하다 보면 최순실 자신의 의견도 이야기하는데 국정의 현안에 대해서 아는 것이 별로 없는 여자입니다. 최순실은 신문에 뭐가 나면 저에게 문의하면서 자신의 의견을 제시하기도 했습니다. 자기가 그래도 대통령의 지근거리에서 돕는다고 생각을 하고 있으니 정부가 잘못하고 있다는 말이 나오면 그런 것들을 걱정한 겁니다."

"대통령과 정윤회의 관계는 어떤가요?"

"국회의원 선거 당시 비서실장이었습니다. 최태민 목사의 사위라는 부분이 부각되면서 대통령에게 정치적 부담이 될 걸 우려해 스스로 재야로 물러났습니다. 뒤에서 정치적 조언을 해 주는 정도였는데 대통령 당선 후에도 별다른 행적은 없었습니다. 2014년 11월경에 세계일보에 정윤회 문건이 보도되면서 관심을 받게 된 것 같습니다. 정윤회 문건은 당시 박관천 경정이 만든 허구의 사실에 바탕을 둔 겁니다."

"대통령이 친박계 의원들에게 정치자금 명목으로 준 건 아닌가요?"

"저는 돈의 용처는 알지 못합니다."

"대통령이 명절과 휴가 때 청와대 직원에게 주는 돈의 출처는 국정원에서 매달 상납한 돈인가요?"

"대통령 비서실의 특수활동비와 국정원에서 받는 특수활동비가 섞여 있지 않을까 합니다."

"대통령이 현금을 사용하나요?"

"대통령이 월급통장과 도장을 주시면 제가 대통령의 월급통장에서 두 달에 한 번 꼴로 2000만 원을 뽑아서 현금으로 올려드렸습니다. 대통령이 그 인출한 현금을 사용하시는 것 같습니다. 의상 대금을 준다거나 진료를 받으시고 그 비용을 현금으로 주십니다."

"최순실이 대신 돈들을 내주지 않나요?"

"최순실은 박근혜 대통령을 위해서 자기 돈을 쓸 사람이 아닙니다. 옷 값도 대통령이 최순실에게 현금으로 직접 주셨을 겁니다."

"최순실이 대통령을 위해서 자기 돈을 쓸 사람이 아니라는 것은 무슨 의미인가요?"

"2007년도 당내 경선후보가 이명박 전 대통령과 박근혜 전 대통령이었고 당시의 분위기가 사실상 대선과 마찬가지의 의미가 있었습니다. 이명박 캠프는 자금이 풍족해서 경선운동도 수월했던 반면에 박근혜 캠프는 돈이 엄청나게 쪼들리는 상황이었습니다. 박근혜 대통령의 오랜 지인이고 재력가인 최순실이 돈을 좀 내놓으면 여유가 생길 텐데 최순실로부터 거의 도움을 받지 못해 섭섭했습니다. 대통령의 옷을 전담해서 만드는 사무실의 비용을 최순실이 부담했을 가능성은 거의 없다고 봅니다. 의상실 운영비를 박근혜 대통령이 부담한 것이 아닐까 합니다. 박근혜 대통령님 성격이 누구한테서 금전적으로 도움을 받는 분이 아니라서 옷을 해도 최순실에게 대금을 주었을 것입니다."

"대통령이 어떤 돈으로 지불했나요?"

"제가 대통령의 계좌에서 두 달에 한 번씩 현금 2000만 원을 인출해서 가져다 드립니다. 그 돈을 쓰셨을 겁니다. 제가 마지막으로 현금을 인출할 때 대통령 개인계좌의 잔액이 6억 6000만 원 정도 있었습니다."

2017년 10월31일부터 서울중앙지방검찰청 604호 검사실에서 대통령 비서관 안봉근이 조사받고 있었다.

"피의자를 비롯한 문고리 삼인방은 최순실에게 돈을 가져다 준 적이 있나요?"

"없습니다."

"남재준 국정원장의 진술에 의하면 안봉근 비서관이 청와대에 매달 5000만 원을 가져다 달라고 했다는데 그런 말을 한 사실이 있죠?"

"한 나라의 국정원장이나 한 사람이 들먹일 사람이 없어서 고작 비서관인 안봉근의 이름을 들먹이는지 이해할 수 없습니다. 정말 한심하다는 생각이 듭니다."

"국정원이 왜 그렇게 청와대에 뭔가를 주려고 신경을 쓰는 건가요?"

"대통령의 환심을 사려는 게 아니겠습니까?"

"국정원장의 임기가 얼마인가요?"

"임기가 따로 없습니다. 대통령이 해임하면 그만이고 계속하라고 하면 계속하는 것으로 압니다."

"2016년 7월경 미르·K스포츠와 관련된 의혹보도로 국정원에서 매달 청와대에 1억 원을 가져다주는 일이 중단된 사실을 알고 있지요? 중단을 지시한 사람이 누구인가요?"

"당연히 대통령일 것으로 추측했습니다."

"피의자는 매달 대통령의 사저 관리비 기 치료 비용 명목으로 돈을 준 사실이 있지요?"

"있습니다."

"아무리 대통령이라고 하더라도 대통령의 사저 관리비를 청와대 예산에서 집행할 수는 없지요?"

"예, 그렇습니다."

"언론보도에 의하면 최순실과 문고리 삼인방이 함께 회의도 했다고 하는데 어떤가요?"

"저희가 대통령과 회의를 하고 있으면 최순실이 불쑥 들어오고 대통령이 나가면 최순실이 저희와 차 한 잔 하면서 '여야가 싸우는데 왜 그래요? 왜 이렇게 시끄러워요?' 등등의 질문을 한 적이 있습니다. 회의라고 할 게 없습니다. 그 외 대통령이 친박 의원들 다섯 명씩을 청와대 대통령 관저로 불러 식사를 하고 돈 봉투를 돌리기도 했습니다."

12:

박근혜의 피의자 신문조서

기록 속에 박근혜 전 대통령의 피의자 신문조서가 있었다. 2017년 4월 8일 검사가 서울구치소를 찾아가 물은 내용이었다. 뇌물죄를 추궁하기 위해 질문과 답변을 한 내용들이었다. 시중에서 떠돌던 소리들에 대한 확인들도 포함되어 있었다.

"관저의 인테리어는 어떻게 된 겁니까?"

여성 대통령이 섹스의 화신인 듯 침실 벽면이 온통 거울이라는 온갖 말들이 떠돌았었다. 그에 대한 확인인 것 같았다.

"인테리어를 했다기보다는 전임 대통령인 이명박 대통령 내외가 사용 하던 침대의 위치를 바꿨는데 그에 따라 가구를 조금 옮겨야 했고 그 과 정에서 문짝이 잘 맞지 않아 초칠 같은 간단한 작업을 했습니다. 깜빡거 리는 전등도 새 것으로 갈아 끼웠습니다."

초칠을 했다는 건 요즈음 세대에게는 낯선 말이다. 우리 세대는 교실

바닥이 부드러워지라고 초칠을 했었다. 박정희 대통령은 물을 아끼기 위해 수세식 변기의 물통에 벽돌을 한 장 넣어두었었다. 이승만 대통령의 부인은 알전구에 양말을 끼워 구멍난 부분을 기웠었다. 가난했던 시절 대통령이 실천한 검소한 모습이었다.

"대통령의 옷값을 모두 최순실이 냈습니까?"

"아닙니다. 옷값은 현금으로 제가 직접 주었습니다. 의상은 해외 순방 시에 참석하는 만찬이나 포럼 등 공식행사에 필요해서 만든 겁니다. 옷의 제작비도 얼마 되지 않았습니다."

"청와대에서 비선 진료를 받았다면서요?"

한동안 선정적인 보도로 연기가 나곤 했다. 대통령이 프로포폴을 맞고 환각상태에 있었다느니 하는 얘기였다. 박근혜 전 대통령의 대답은 이랬다.

"대통령이 되기 전에 아파서 치료를 받았습니다. 2006년 테러를 당해서 다친 얼굴을 치료하기도 했습니다. 청와대에 들어온 후에도 그때 치료를 하던 의사들의 도움을 받은 겁니다. 그 치료비 역시 제 월급으로 지급했습니다."

제기된 의혹과 전혀 다르다.

"1990년 삼성동의 개인 집을 구입할 때 최순실의 모친이 계약을 하고 돈을 냈습니까?"

"자금은 제가 전에 살던 장충동 집을 팔아서 지금 삼성동 집을 샀습니다."

"삼성동 집은 최순실이 관리했습니까?"

"그것도 사실이 아닙니다. 오래 전부터 고용해 온 오 주임과 정 주임이 관리했고 월급도 제가 지급했습니다."

"그 사람들에게 월급을 지급한 근거가 있습니까?"

"현금으로 지급했는데 그 사람들에게 바로 확인하실 수 있을 겁니다."

"안가의 인테리어를 최순실이 했다는 소리가 있는데 사실입니까?"

"말도 되지 않습니다. 안가의 위치를 민간인에게 알려준다는 것 자체가 말이 되지 않습니다."

"2014년 9월경 삼성의 이재용 회장을 만난 적이 있으시죠?"

"참모들이 이재용 부회장을 격려해 주었으면 좋겠다고 해서 예성에도 없이 대구를 방문했을 때 짧은 시간 만났던 것으로 기억합니다. 그 외 언론과 주변에서 기업총수들을 개별적으로 만나 경제현안에 대한 대화를 하는 것이 좋겠다고 해서 2015년 7월25일 자리를 가지게 됐고 2016년 2월15일 면담은 재단설립에 출연한 기업들에 감사인사를 드리고 경제 문제 등에 대해 듣기 위해 안종범 수석에게 자리를 만들라고 지시했습니다."

"2016년 2월15일 삼성의 이재용 부회장과 단독면담을 하신 사실이 있죠? 그 자리에서 이재용 부회장이 삼성생명의 금융지주회사 진환계획이 승인될 수 있도록 해달라거나 환경규제 완화나 세제지원 등의 구체적 현안에 대한 부탁을 한 사실이 있습니까?"

"기억이 정확하지 않지만 면담 전에 삼성 바이오로직스 기공식에 갔었기 때문에 그와 관련해서 대화를 나누었을 수 있습니다. 순환출자 문제는 제 대통령선거 공약 취지가 기존 순환출자는 유지하고 신규는 제한하도록 하는 것이었습니다. 기존 순환출자를 건드리면 경제에 너무 부담이 크고 기존에는 허용되던 것이 갑자기 허용되지 않는다면 경제계에 혼란이 예상되어 그런 기조에서 공약했고 법 개정도 같은 취지로 이루어졌습니다.

규제해소도 제가 장관회의 때 환경오염 문제 때문에 식품공장의 설립 운영이 되지 않는다는 이야기를 듣고 반드시 필요한 규제가 아니라면 공장 운영이 가능하도록 규제를 해소하라고 한 적이 있습니다. 그게 저의 생각입니다. 그렇지만 삼성과 관련해서는 들은 기억도 보고받은 사실도 없습니다.

규제완화 문제는 대통령 재임기간 중 평소 지론이고 중요한 정책 중의 하나로 생각했기 때문에 항상 염두에 두고 있던 문제였습니다. 규제완화에 대한 얘기는 나눌 수 있었는데 그것도 삼성을 염두에 두고 말하지는 않았을 겁니다. 전에 삼성의 합병에 대해 보고를 받았을 수는 있지만 합병에 찬성하도록 지시를 한 적은 없습니다. 제가 이재용과 어떤 이권관계가 있어서 그의 얘기를 들어준 것은 아닙니다. 삼성생명의 금융지주회사 전환은 이재용으로부터 들은 기억이 없습니다."

"당시 대통령으로서 삼성물산과 제일모직 간 합병에 대해 삼성물산 대주주인 국민연금공단의 찬성 여하에 따라 합병 성사 여부가 결정되는 상황을 알고 있었습니까?"

"국민 대표기업인 삼성이 외국계 헤지펀드인 엘리엇으로부터 공격을 받는다고 해서 걱정스럽고 안타깝게 생각해서 진행 상황이 궁금했습니다. 당시 언론에서 이재용이 소액주주들을 찾아다닌다는 보도를 본 적이 있어 이재용이 소액주주들의 중요성을 느꼈겠구나 생각하고 참모진에게 챙겨보라고 했습니다."

"그 지시는 국민연금공단이 합병에 찬성하는 방향이었던 것으로 보이는데 맞습니까?"

"대통령으로서 당연히 진행 상황을 알아보라고 한 것이지 국민연금공단에서 찬성하게 하라고 지시한 것은 아니었습니다."

"국민연금공단을 관리하는 당시 보건복지부 장관 문형표는 삼성물산과 제일모직의 합병에 대해 영향력을 행사해서 국민연금공단이 합병에 찬성하게 한 혐의로 구속기소됐습니다. 그 사실을 알고 계십니까?"

"구속됐다는 사실만 알고 있을 뿐이지 구체적으로 어떤 이유로 구속됐는지는 몰랐습니다."

"삼성전자 측에서는 최순실로부터 자신이 대통령에게 이야기하여 삼성 합병이 되도록 도와주었다는 얘기를 들었다고 하는데 최순실이 대통령에게 삼성 합병을 도와달라고 부탁한 사실이 있습니까?"

"최순실이 저를 팔아 그렇게 이야기한 것 같습니다. 그런 사실이 없습니다."

"삼성의 경영권 승계에 대해 관심을 표한 사실이 없습니까?"

"그런 사실이 없습니다. 대통령이 특정 재벌 기업의 경영권 승계 문제에 관심을 갖고 그 당사자에게 이야기한다는 자체가 매우 부적절합니다. 제가 그런 이야기를 할 이유가 전혀 없습니다."

"삼성이 승마협회 회장을 맡으라고 한 적이 있나요?"

"얘기를 하던 중에 당시 승마협회가 운영이 잘 안 된다는 기억이 떠올라서 삼성이 다시 승마협회를 맡아 운영하면 어떻겠느냐고 제의한 사실이 있습니다. 대통령으로서는 승마같은 비인기 종목도 챙겨야 한다고 했습니다."

"최순실의 딸 정유라가 승마선수인 걸 당시 알고 있었죠?"

한동안 최순실의 딸인 정유라가 박근혜 전 대통령의 딸이라는 소문이 퍼졌었다. 정유라의 승마 특례입학이 국민들을 분노하게 했다.

"정유라는 아주 어렸을 때 만나보고 그 이후에는 본 사실도 없습니다. 저는 정유라의 이름도 정유연으로 기억하고 있습니다. 이 사건이 있고 나서 정유연이 정유라로 이름을 바꾼 것을 알게 됐습니다."

"최순실이 정유라를 부탁했습니까?"

"저는 특정인에게 특혜를 주는 그런 일은 하지 않았습니다. 세상은 최순실과 정유연과 저와의 관계를 소설처럼 이야기를 하고 있습니다. 최순실은 감히 부탁할 엄두도 내지 못했을 겁니다. 들어주지 않는 제 성격을 잘 알기 때문에 그런 말을 할 수 없습니다. 저는 대통령을 하면서 개인적 이득을 챙기려고 해 본 적이 없습니다. 국익만을 생각하며 살아왔습니다. 최순실이 이권에 개입하는 건 상상도 못했습니다."

"당시 승마협회의 비리를 조사하라고 지시하지 않았나요?"

"전혀 그런 사실이 없습니다. 당시 어떤 태권도 선수 아버지가 자살하고 또 다른 협회에서는 임원을 수십 년씩 하면서도 선수 발굴에 소홀하다는 보고를 듣고 체육계 비리를 척결할 수 있는 방안을 찾아보라고 지시한 사실은 있지만 특정 협회나 단체에 대한 비위를 확인하거나 조사하라고 한 사실은 없습니다."

"최순실로부터 당시 승마협회를 맡고 있던 한화그룹이 정유라를 적극적으로 지원하지 않는다며 승마협회를 한화에서 삼성으로 교체해 달라는 요청을 받은 게 아닙니까?"

"말도 안 되는 이야기입니다. 특정인을 위해서 제가 그런 일을 하지는 않습니다. 최순실, 정유라와 저의 관계를 완전히 소설처럼 얘기하고 있는 겁니다."

"이재용의 진술을 종합하면 2015년 7월25일 단독면담을 할 때 승마지원이 제대로 되지 않는다면서 30분간의 단독면담 시간 중 절반가량을 이재용을 질책했다는데 그런 사실 없습니까?"

"제가 어떻게 이재용 부회장을 질책합니까? 그런 사실이 없습니다."

"대통령으로 있으면서 최순실에게 이상화라는 사람을 추천받은 일이 있습니까?"

"있습니다. 그 사람이 외환과 관련해서 일을 잘하고 아이디어가 좋다는 얘기를 들은 적이 있습니다. 그 얘기를 듣고 안종범 수석에게 만나보라고 했습니다. 시간이 될 때 그 사람을 한번 만나서 어떤 좋은 아이디어를 가지고 있는지 들어보라고 말한 기억이 있습니다."

"안종범은 2015년 11월경 이상화라는 사람을 하나은행의 유럽의 은행 총괄법인장으로 보내달라고 요청한 사실이 확인됐는데 그렇게 하라고 지시를 한 겁니까?"

"그렇게 이야기한 기억이 없습니다."

"이상화는 최순실이 자신에게 하나은행 유럽 통합 법인장을 시켜주겠다고 얘기했다고 하는데 그런 부탁을 받고 경제수석비서관에게 지시한 게 아닙니까?"

"아닙니다."

"삼성전자에서 최순실이 운영하는 코어스포츠에 78억 원을 지급한 사실이 있는데 어떻습니까?"

"삼성이 최순실과 아무런 이해관계가 없는데 그렇게 돈을 보내 준 것 자체가 이해가 가지 않았습니다. 뉴스를 보고도 말도 안 되는 이야기라고 생각했고 놀라움의 연속이었습니다."

"2013년 7월경 경제수석비서관에게 CJ그룹 이미경 부회장이 사퇴하게 하라고 지시한 사실이 있습니까?"

"제가 CJ가 영화 배급망과 관련해 독점이 심해 문제를 일으키고 문화계와 관련되어 편향되었다는 얘기를 들었습니다. 그래서 이재현 회장 구속 후 회장도 없는데 이미경 부회장이 CJ를 잘 끌고 갈지 걱정이다. 경제수석이 잘 살펴보라고 한 기억이 있습니다."

"이미경 부회장이 좌편향 문화 콘텐츠를 제작하는 걸 우려해서 퇴진 지시를 한 것 아닙니까?"

"퇴진 지시가 아닙니다. 단지 걱정을 한 것뿐입니다. 당시 CJ그룹이 한쪽으로 편향되어 있다고 걱정하는 사람들이 많았던 것으로 기억합니다."

최순실로 인해 박근혜 전 대통령은 정치적으로 도살되고 사실상의 종신형을 선고받았다. 그가 최순실의 됨됨이를 알아보지 못한 책임인지도 모른다. 대중은 박정희 대통령의 환영(幻影)을 보고 박근혜 대통령에게 과잉기대를 했다가 집단 환멸에 빠진 것 같았다.

2018년 8월19일자 일요신문 정치면은 국회 내의 '특활비 잔치'라는 제목으로 국회의원들 사이에서 '눈먼 쌈짓돈' 같이 사용되어온 특활비에 대해 보도했다. 인용한 내용 중에는 참여연대 의정감시센터가 국회 특활비 지급내역을 분석한 보고서가 있었다. 그 보고서에 의하면 황우여 의원은 2011년 1년간 6억 2000만 원을 박지원 의원은 2012년 여섯 달 동안에 5억 9000만 원을 김진표 의원은 2012년 여섯 달 동안 5억 6000만 원 가량을 받아갔다. 신문은 그 특수활동비로 다른 정당 원내대표의 아내에게 1000만 원짜리 핸드백을 선물했다고 보도하고 있었다. 국회의원들 그리고 정당 사이에 특수활동비는 오랫동안 부딪침을 방지하는 윤활유 역할을 해 왔다는 것이다. 그런 행태는 국회만이 아니었다. 대법원장이나 대법관들도 법원행정처도 일반 정부부처도 특수활동비를 금일봉이나 밥값 등 다양하게 사용해 온 사실이 밝혀지고 있었다.

2018년 8월15일자 조선일보 30면에는 〈전 정권 특활비만 '적폐'인가〉라는 제목의 논평이 나왔다. 핵심 내용은 이랬다.

〈여당은 박근혜 정부 인사들의 특활비 수수를 적폐로 몰았다. 전직 국정원장들이 구속됐다. 그랬던 여당이 자기들과 관련된 특활비를 없애자고 하자 다른 얘기를 하고 있다. 이전 정부의 특활비는 적폐이고 지금 여권이 받는 특활비는 필요경비라고 우기는 모양새다. 지난 13일 국회의장과 더불어민주당, 자유한국당 원내대표들이 회동을 갖고 특수활동비 폐지에 합의했다. 여야 원내대표들은 특활비를 완전히 폐지하기로 합의했다. 그러자 여당의 한 중진의원은 특활비 폐지를 이유로 예정됐던 오찬

간담회를 "특활비 폐지로 경비를 댈 수 없어서…"라고 하면서 갑자기 취소했다. 다음날 국회의장실에서는 해외동포에 대한 금일봉 등을 예로 들면서 의장 재량으로 비공개로 써야 하는 경비가 많으니 이런 특활비는 남겨두어야 한다고 했다. 정부예산 지침에 따르면 특활비는 '정보나 사건 수사 그밖에 이에 준하는 국정수행 활동에 쓰이는 경비'이다. 수사를 하지 않는 국회에 특활비를 배정한 자체부터 이상하다. 은근슬쩍 특활비를 살리려는 건 이율배반적 꼼수정치다. 이래선 여권이 주장해 온 '특활비 폐지'의 진정성을 아무도 수긍하지 못할 것이다.〉

박근혜 정권 세 명의 국정원장들이 특별활동비의 일부를 박근혜 대통령에게 준 것을 검찰은 뇌물죄와 국고손실죄로 보고 기소했다. 국정원장 자리를 줘서 그 보답으로 청와대에 돈을 보냈으니 뇌물이라는 것이다. 박근혜 대통령이 그 돈을 개인적으로 옷을 해 입고 기 치료하는 데 썼다는 것이다.

13:

법정공방

2018년 8월21일 서울고등법원 312호 법정에서 박근혜 정권의 국정원장 세 명에 대한 항소심 첫 공판이 열렸다. 재판장인 조영철 고등법원 부장판사가 박근혜 정권의 국정원장과 대통령 비서실장 등에게 생년월일과 등록기준지 등을 묻는 인정신문을 할 때였다. 그가 이병호 전 국정원장에게 물었다.

"피고인의 등록기준지는 어디입니까? 전에 말하던 본적지 말입니다."

태어난 곳의 주소를 묻는 것이다. 본적지는 대개 평생 기억들을 하고 있었다.

"글쎄요, 잘 기억이 나지 않습니다."

이병호 전 국정원장의 표정에서 기억이 가물거리는 느낌을 받았다. 육사 출신인 그는 장교 중에서 영어실력이 탁월한 사람이었다. 그 실력으로 해외정보요원으로 중앙정보부에 차출된 사람이었다. 그의 머릿속에는 수많은 단어와 문장이 바다 같이 들끓었다. 그런 기억력을 가진 그가 본적지 주소도 모른다는 건 이상했다. 몇 살 위의 형들같이 그 역시 치매 기운이 스며들어 있는 게 아닌가 하는 생각이 들었다. 전 국정원장들인 남재준과 이병기의 변호인은 방청석의 기자들을 의식한 듯 국민들에게 송구스럽다고 먼저 사과의 입장을 표명했다. 인정신문이 끝난 후 재판장이 검사와 변호사석을 내려다보며 입을 열었다.

"이 재판은 검찰과 변호인 측의 진술과 반박 그리고 재반박하는 법정 공방이 충분히 이루어지도록 하겠습니다. 그러면 먼저 검찰 측부터 의견을 말씀하시죠."

검사석에 앉아 있던 네 명의 검사 중 대표가 자리에서 일어섰다.

"특수활동비란 기밀유지가 요구되는 정보 및 사건 수사에 필요한 돈입니다. 특수활동비는 국민의 세금으로 구성된 국가의 예산으로 그 용도가 엄격해야 합니다. 대통령이 필요하니 보내라고 해도 국정원장이 청와대에 돈을 보낼 때는 그 돈이 어떻게 쓰일지 알아야 할 것입니다. 단순히 국정수행에 좋게만 쓰일 것으로 막연히 인식했다고 될 일이 아닙니다. 그 돈이 함부로 쓰이지 않도록 방지하는 노력을 하고 나중에도 그에 대한 소명이 필요합니다. 만약 그 돈이 용도에 맞지 않게 사용됐다면 국정원장은 회계 관계 직원으로서 횡령에 의한 국고손실죄 및 뇌물죄의 책임을 져야 할 것입니다. 대통령의 뇌물죄에 관하여는 전두환, 노태우 전 대통령을 재판할 때 나온 포괄적 뇌물수수라는 대법원 판례가 있습니다. 대통령이 구체적으로 어떻게 봐 주었느냐와 그 대가성이 없더라도 대통령의 뇌물죄는 성립하는 것이 법의 입장입니다."

"변호인 측에서 반박하시죠."

재판장이 변호인석을 보며 말했다. 변호사 대표가 일어나 말했다.

"국정원장을 회계 관계 직원으로 간주해서 유죄판결을 선고하는 확대 해석이라면 특활비를 사용하는 모든 국가기관장도 마찬가지일 것입니다. 회계 관계 직원의 책임을 따로 법에 규정한 것은 회계실무의 신분을 가진 공무원이 횡령을 했을 경우 엄격한 법적 책임을 묻기 위한 것입니다. 법 규정상 기관장은 분명히 회계실무자에 포함되지 않습니다. 처벌해야 한다는 목적으로 국정원장을 회계 관계 직원으로 간주하는 것은 형사법의 '엄격 해석의 원칙'에 위반한다고 생각합니다. 이 사건은 제도의 문제이고 좋지 않은 관행으로 유지됐던 정치의 문제입니다. 현재 국회의 입법 개선이 추진 중으로 알고 있습니다."

검찰 측이 다시 이렇게 반박했다.

"국정원장을 회계 관계 직원으로 보느냐 아니냐의 해석은 일심에서 판결한 대로 그 기준을 예산 사용의 실질적 권한이 누구에게 있느냐로 보아야 합니다. 국정원장에게 배정된 특별 사업비는 국정원장에게 전적인 재량에 의한 사용권한이 있습니다. 검찰은 원심판결과 같이 그런 점에서 국정원장을 회계 관계 직원으로 보고 그 법적 책임을 묻는 것입니다. 그리고 특활비를 이 법정에서 문제 삼는 이유는 그 남용 때문입니다. 특활비는 정보 수사에 준하는 업무에 사용되어야 하는 목적이 한정된 돈입니다. 제도가 아니라 남용하는 개인을 처벌하자는 것입니다. 빈번히 그런 일이 발생했다고 관행이라고 해서 묵과할 일은 아닐 것입니다."

그 말에 변호인 측이 다시 이렇게 맞받아쳤다.

"검찰이 애써 외면하는 부분이 있는데 예산처리 지침을 보면 특활비는 정보나 수사업무뿐 아니라 광범위한 국정수행을 위해도 사용할 수 있는 돈입니다. 대통령의 국정수행은 다양합니다. 정보나 수사업무에 사용하지 않았다고 국고손실죄라고 한다면 국회에서 사용되는 돈은 어떻습니까? 그리고 다른 기관은 어떻습니까? 검찰과 법무부도 특활비를 연말회식비로 쓰지 않습니까? 특수활동비를 개인적으로 횡령했다면 물론 국고손실이 맞을 겁니다. 그러나 특활비를 보내라는 대통령의 지시를 받았을 때 국정원장은 대통령이 당연히 국정활동을 위한 정무적 판단 하에 명령한 것으로 인식했습니다. 그 돈이 어떻게 사용되었느냐는 결과론적 책임을 국정원장이 져야 하는 것은 법리에 맞지 않습니다. 굳이 따지자면 예산전용의 문제고 그 전용은 징계사유에 해당할 뿐입니다. 특활비의 운영은 고쳐야 할 관행입니다. 법적 처벌에 있어서 그동안의 상황을 감안해야 할 것입니다."

검찰 측이 다시 맞받아쳤다.

"핑계 없는 무덤이 없습니다. 국정수행에 특활비를 쓸 수 있다고 변호인 측에서 말씀하시는데 국정수행도 그렇게 포괄적으로 해석하면 안 됩니다. '정보나 수사업무에 준하는'이라는 업무 목적에 맞아야 한다고 생각합니다."

검찰과 변호인의 열띤 법정 공방이 대충 끝난 후 재판장이 검사석을 향해 물었다.

"이병호 피고인에 대한 보석신청이 들어와 있는데 검찰 측의 의견이 어떤지 이 자리에서 말씀해 주시죠."

담당검사가 자리에서 일어나 말했다.

"이병호 피고인은 일심에서 징역 3년 6월을 받았습니다. 항소심에서 형이 더욱 중해질 가능성이 있습니다. 보석이 되어 불구속 재판을 받는 상태가 되면 도주의 우려가 있다고 생각합니다. 이병호 피고인은 노령의 건강상의 문제를 보석신청의 이유로 하고 있지만 그동안 일심 재판과정을 보면 삼사 개월 동안 진행된 재판에 출석했습니다. 그런 상황을 보면 수형생활이 건강상의 무리라고 보여지지는 않습니다."

"이에 대해 피고인 본인이 의견이 있으면 말하시죠."

재판장이 이병호 전 국정원장에게 진술의 기회를 주었다. 변호인들 뒷줄에 앉아 있던 이병호 피고인이 자리에서 일어났다. 분노로 얼굴이 하얗게 질려 있는 것 같았다.

"지금 검사님이 제가 도주의 우려가 있다고 하셨는데 그건 제 인격에 대한 모독입니다. 국정원장까지 했던 사람이 왜 도망을 가겠습니까? 그건 제 자신에 대해 가족에 대해 또 국정원에 대한 배신입니다. 앞으로 중형을 받을지 모르니까 도망갈 거다라는 말은 저로서는 받아들일 수 없습니다."

그의 목소리는 분노로 떨리고 있었습니다. 그가 잠시 숨을 고르고 말을 계속했다.

"역대로 국정원의 특수활동비를 대통령에게 지원하는 것은 구조화되고 시스템화 된 것이었습니다. 국정원장으로서는 그저 진행 상황을 사무적으로 보고받는 입장이었습니다. 제도화된 특활비의 지원을 거부하지 않았다고 그걸 죄라고 하는데 그건 현실에 맞지 않는 것이라고 생각합니다. 제가 아니라 누가 국정원장이 되도 범죄자가 되는 상황이었다면 이건 근본적인 제도의 문제입니다. 역대 국정원의 특활비 지원을 적폐라고 한다면 그걸 세 명의 국정원장에 한정해서 책임을 지게 하는 게 법에 맞는지 의문입니다. 도대체 법적 정의가 뭡니까? 그리고 보석 신청과 관련해서 구차스럽게 나이가 많은 걸 가지고 사정하고 싶지는 않습니다. 그러나 법에도 인간에 대한 연민이 있어야 할 것 같습니다."

14:

그의 비(非)정치성

2018년 8월14일 오후 3시30분의 작열하는 태양이 세상을 달아오르게 하고 있었다. 지하철 인덕원역에서 내려 택시를 잡아타고 서울구치소로 향했다. 차창으로 신도시의 넓은 터에 콘크리트 아파트들이 솟아오르는 모습이 보였다.

어떤 생각이 머릿속에서 스멀스멀 기어 나왔다. 불 가까이 가면 화상(火傷)을 입듯이 권력은 뜨거운 불덩이인지도 모른다. 법정에서 전두환 정권의 핵심이던 장세동 안기부장을 본 적이 있다. 권력의 징점(頂点)에 있었지만 그는 세상의 깊은 골짜기인 감옥에도 여러 번 갔다. 사무실을 찾아온 권영해 안기부장과 얘기를 했던 적이 있다. 그는 검찰청 조사실에서 커터 칼로 배를 그었다고 했다. 수치를 당하느니 죽기 위해서라고 했다. 피를 흘리며 누워있는 자신을 검사와 수사관들이 얼어붙을 듯한 차디찬 눈길로 내려다보던 광경을 평생 잊을 수 없다고 고백하기도 했다. 김재규

중앙정보부장은 교수형을 당했다. 김형욱 중앙정보부장은 파리 근처에서 살해당했다는 소문이 남아 있었다. 한때 권력을 가졌던 사람들의 운명이다. 박정희 대통령은 총에 맞아죽고 노무현 대통령은 자살을 했다. 전두환, 노태우, 박근혜 대통령은 감옥을 갔다. 권력의 종말은 죽음이나 감옥이어야 할까. 그런 권력을 잡기 위해 왜 목숨을 거는 것일까. 이해하기 힘들었다.

서울구치소 변호인 접견실의 유리방은 후덥지근한 열기가 가득 차 있었다. 이병호 전 국정원장이 나를 기다리고 있었다. 핏기 없는 핼쑥한 얼굴이었다.

"지난 일주일 동안 정말 괴로웠어요."

이병호 전 국정원장의 공허하고 힘없는 목소리였다.

"법정에서 자제하고 공손하려고 애쓰고 있습니다. 그러다가 풀어주면 제가 도주할 우려가 있다는 검사의 말을 듣고 분노했었어요. 좁고 어둠침침한 감방 안에서 밤에 잠을 못 이루고 생각해 봤어요. 내 자신이 거미줄에 걸린 채 살려고 몸부림치는 벌레 같다는 생각이 들어요. 내 나이가 내년이면 여든 살이고 수명도 얼마 남지 않은 걸 느낍니다. 모든 걸 섭리라고 생각하고 받아들여야겠죠."

그의 눈에서 하얀 눈물이 흘러내리고 있었다. 나는 말없이 그가 진정하기를 기다렸다. 이윽고 그가 다시 입을 열었다.

"정보예산은 철저히 기밀이 유지되어야 해요. 그렇지 않으면 안보는 구멍이 뚫려요. 그런 정보기관의 특성을 모르고 검사들이 법의 원칙대로만 따지면 안돼요."

평생 정보조직 속에서 살아온 그는 자신이 몸담았던 기관을 걱정했다. 나는 그가 객관화된 시각에서 현실을 봐야 할 것 같다는 생각으로 조심스럽게 입을 열었다.

"저는 좀 다르다고 생각합니다. 국민들의 뇌리에 박힌 정보기관에 대한 인식은 어둡고 피 냄새가 나는 지하실의 고문 장면들입니다. 동시에 국민의 세금인 막대한 특활비를 낭비하고 정치를 농단하는 부정적인 적폐의 면도 있어요. 바뀐 정권은 적폐청산의 기치를 내걸고 국민적 호응을 얻는 흐름으로 봅니다."

"저는 정보기관 내에서도 평생 해외정보만 담당했어요. 지하실에 사람을 끌어다가 고문을 하거나 정보기관의 돈을 함부로 정치에 쓴 걸 몰라요. 제가 해외담당 차장까지 했는데 나한테 배당된 특활비는 몇 백만 원 수준에 불과했어요.

저는 평생 해외정보를 담당하면서 이스라엘의 모사드 같은 외국의 정보기관을 많이 연구했습니다. 저는 구치소에서 '일어나 먼저 죽여라'(rise and kill first)라는 이스라엘 정보기관에 관한 책을 읽었어요. 그 책에 이런 일화가 수록되어 있었어요. 이스라엘 수상이 비밀정보기관인 모사드에 지시해서 그 부장의 비밀자금으로 팔레스타인 의장인 아라파트의 이미지를 실추시키라고 지시합니다. 모사드 부장의 비밀자금이 우리로 말하면 국정원장의 특별사업비죠. 그렇게 국가지도자는 정보기관의 예산을 실질적으로 지휘하는 게 통례죠. 우리의 경우도 대통령은 북한이나 공산권에 밀사를 보내는 수가 있습니다. 그 비용도 다 정보기관의 예산을 사용합니다. 그런 경우를 예상해서 국정원장에게 수십억의 특수사업비를 책정합니다. 그리고 그 사용에 전적인 재량권을 부여합니다. 검찰과 법원에서는 규정에 맞게 특수사업비를 써야 한다고 하는데 그렇다면 저에게 부여된 재량권은 무엇이었는지 모르겠습니다. 직속상관인 대통령이 지시하면 국정원장은 돈을 보내야 하는 겁니다. 검찰이 제시하는 법의 잣대에 저는 동의하기 힘듭니다."

"글쎄요, 순수한 정보기관이라는 측면에서 그 말씀이 맞다고 생각합니다. 그러나 우리나라의 정보기관의 행태가 그동안 그렇게 순수했는지는 의문입니다. 박정희 대통령이 사망한 후 전두환 소장의 중앙정보부장서리 겸직을 세상이 어떻게 평가합니까? 8000억 특활비의 자유로운 사용은 군인의 정치권 장악이라고 해석하기도 합니다. 정치는 돈입니다. 역대 대통령이 심복을 국정원장이나 그 기조실장으로 임명해 거액을 자기 돈같이 사용해 왔던 것 아니겠습니까? 대통령이 받은 정치자금을 특활비에 섞어 돈세탁을 하기도 했다는 소리도 들었습니다. 어떤 대통령은 자기가 재벌로부터 받은 돈을 국정원장을 시켜 돈놀이를 하기도 했다는 소리를 들었습니다. 그게 원장님이 이끌었던 정보기관의 예전의 타락하고 추한 모습이었습니다. 저는 낮은 위치였지만 정보기관의 지휘부에서 잠시 근무하면서 어깨 넘어 봤던 일들이 있습니다.

당시만 해도 외부에서 특채를 한 변호사 출신 엘리트라 참신하다고 생각했는지 특활비의 일부를 맡아 본 적이 있었죠. 그 돈에 대해서는 장부나 사용근거를 남기지 말라고 주의를 주더군요. 모든 걸 기억으로만 남겼다가 나갈 때 모두 잊어버리라고 하더군요. 어느 날입니다. 영부인의 비서관이 전화를 걸어 영부인께서 개인적으로 책을 발간하는데 그 표지를 비단으로 한다는 겁니다. 그 제작비를 보내라고 명령하는 겁니다. 이해할 수 없었습니다. 그래서 특활비는 국민의 세금인데 왜 대통령 부인이 개인적으로 그렇게 써야 하는 거냐며 거절했었죠. 영부인 비서관이 순간 '어'라고 외마디 소리를 하면서 더 이상 말을 하지 못하더라구요. 그 뉘앙스는 가만히 두지 않겠다는 것이었습니다. 저는 변호사 자격이 있어 쫓겨나도 밥을 먹을 수 있으니까 그런 소리를 했지만 정보기관의 다른 사람들이라면 그 명령을 거부할 수 있었겠습니까? 얼마 후 상관은 저에게 더 이상 저를 커버하기 힘들다고 솔직히 얘기해 주더라구요. 그래서 쫓겨난 셈입니다. 대통령이 돈을 가져오라고 할 때 국정원의 그 누가 과연 거부할 수 있을까요?"

"나는 그런 것들을 정말 몰라요."

이병호 원장의 표정은 진심 같았다.

"원장님은 다른 정보기관의 책임자들에 비해 정치적 감각이 둔한 면이 있으셨던 것 같네요."

내가 말했다.

"그게 무슨 말입니까?"

그가 되물었다.

"제가 국정원의 지휘부에 잠시 있었던 인연으로 여러 명의 국정원장이나 핵심 간부들을 관찰할 기회가 있었습니다. 김대중 대통령 당시 국정원장으로부터 직접 들은 얘기입니다. 그가 대통령에게 돈을 지원해야 하느냐로 고민을 했다고 합니다. 역대 정권에서 관행처럼 그렇게 해 왔으니까요. 청와대에 가서 김대중 대통령에게 운을 뗐답니다. 그랬더니 김대중 대통령이 하시는 말씀이 자신은 민주화를 이루어야 하는 지도자로서 국정원의 그런 돈은 한 푼도 쓸 수 없다고 하더라는 겁니다. 당시 국정원장은 그 말을 듣고 감격했었다고 합니다. 그런데 그 얼마 후 대통령의 해외 순방시 청와대에서 특활비의 청와대 지원을 요청하자 '역시나'라고 생각을 했었답니다. 정치 9단인 김대중 대통령이나 정치인 출신 국정원장은 그렇게 예민하게 문제점을 감지했었는데 박근혜 대통령이나 이병호 국정원장님은 너무 다른 모습이었네요. 어쨌든 이병호 원장님은 그동안 있어 왔던 국정원 특활비의 적폐에 대해 십자가를 진 겁니다. 저는 이 사건의 본질을 그렇게 봅니다."

"그래도 정보기관은 지켜야 합니다. 국정원이 제 기능을 못하면 대한민국의 안보는 무너집니다. 제가 징역형을 살더라도 정보기관은 지켜야 해요."

15 :

왜 폭로했죠?

2018년 9월4일 오후 2시. 서울고등법원 서관 312호 법정에 국정원 기조실장이었던 이헌수가 증언석에 앉아 있었다. 먼저 검사가 그에게 물었다.

"증인은 남재준 국정원장 시절 여당 원내대표인 최경환 의원을 만난 적이 있죠? 그때 최경환 의원이 뭐라고 하던가요?"

"'청와대에 예산이 부족한데 국정원 예산을 좀 쓸 수 있느냐?'라고 하면서 몇 억 원이라도 청와대에 지원하도록 원장님께 밀씀드려보라고 했습니다. 당시 최경환 대표는 정권의 실세였습니다."

"증인은 이병호 국정원장 시절 매달 고정적으로 1억 원씩 청와대에 가져다주는 외에 추석과 설 명절에 추가로 1억 원을 전달했죠?"

"이병호 원장의 지시로 그렇게 했습니다."

"이병호 원장은 그런 지시를 한 적이 없다고 하는데 어떤가요?"

"분명히 그런 지시를 하셨습니다. 저하고 많은 말을 나누셨습니다."

"미르·K스포츠 등에 관한 보도가 시작되자 국정원 돈의 전달이 중단됐죠? 누가 지시한 건가요?"

"그건 박근혜 대통령이 한 것으로 알고 있습니다."

"증인은 국정원의 돈을 매월 대통령에게 전달하는 것은 부적절하고 위법하다는 인식인 것 같은데 어떻습니까?"

검사의 기술적인 유도신문이었다.

"국정원 돈이 절차 없이 밖으로 나가는 것에 대해 저도 우려하고 있었습니다."

증인으로 나온 기조실장은 반쯤은 검사에게 협력하고 반쯤은 여지를 남겨두는 것 같았다. 검사실에서같이 일방적으로 끌려가는 것 같지는 않았다. 박근혜 정권의 국정원장들과 비서실장이 그의 증언에 촉각을 곤두세우고 있었다. 검사가 신문을 계속했다.

"그런 부적절하다는 인식을 여기 있는 국정원장들도 공통적으로 인식하고 있었죠?"

"원장님들이 어떻게 생각했는지 제가 말씀드리기 어렵습니다."

그가 질문의 올가미를 슬쩍 비켜나고 있었다.

"증인은, 다른 사건에 증인으로 나가서는 국정원장들이 청와대에 돈을 보내는 것이 부적절하게 생각하는 것 같더라고 진술하셨는데 기억합니까?"

"기억합니다."

"청와대의 안봉근 비서관으로부터 대통령이 금전적으로 어려워한다는 말을 듣고 이병호 국정원장에게 대통령이 돈을 달라고 한다고 보고하지 않았나요?"

"꼭 그렇게 말하지는 않고 안봉근 비서관이 한 말을 원장님께 그대로 전했습니다. 원장님이 그 말을 듣고 잠시 생각을 하시다가 추석도 다가오고 하니까 한 2억 원을 지원하라고 지시하셔서 그 돈을 전달했습니다. 그 후 안봉근이 대통령이 매우 흡족해 하신다는 말을 해서 이병호 원장님께 정말 잘하신 것 같다고 했습니다."

"정말 잘하신 것 같다는 건 무슨 의미죠? 하급자인 국정원장이 상급자인 대통령에게 잘 보이고 싶었고 돈을 줬으니까 대통령이 더 잘해 줄 것이라는 생각이었나요?"

"대통령께서 만족한다고 하시니까 잘했다고 생각했을 뿐입니다."

"국정원장들이 청와대에 상납하면서 증인에게 그게 법적으로 문제가 없는 것인지 물어본 적이 있나요?"

"없습니다."

검사의 신문이 끝나고 변호인의 반대 신문이 시작됐다. 이병기 전 국정원장의 변호인이 물었다.

"여당의 원내대표인 최경환 의원이 청와대에 지원해 주라고 부탁했을 때 처음에는 국정원장이 난색을 표명했다고 진술하셨었는데 왜 그랬나요? 그런 예산지원이 국가재정법상의 절차를 거치지 않아 부적절하기 때문인가요? 아니면 뇌물이나 국고손실죄 등 범죄가 되기 때문인가요?"

"법률적으로 위법하다기보다는 국정원의 예산이 외부로 나가는 데 대한 부담으로 생각하고 있었습니다."

"외부로 나가더라도 예산처리상 소정의 법적절차를 밟으면 문제가 없는 것 아닌가요?"

"그건 그렇습니다."

"그렇다면 국가재정법상 예산전용 절차를 거치든지 국정원 내부에서 원장의 결재를 받아서 예산의 세목 사이에 내부적인 이전 절차를 거치면 되는 거 아닌가요?"

"그렇습니다."

"국정원장들이 청와대에 돈을 준 것은 공적인 예산지원이라고 인식했기 때문에 예산을 총괄하는 기획조정실장인 증인을 통해 한 것이 아닐까요? 사적인 뇌물이었다면 과연 그렇게 했을까요?"

"저도 원장님들이 사익을 위해 그렇게 했다고는 생각하지 않습니다."

"과거부터 국정원에서 청와대에 지원했죠? 구체적인 예를 들어 설명해 주시겠습니까?"

"전두환 대통령 시절부터 직원들 간에는 청와대 냉장고까지 챙긴다는 이야기가 나올 정도로 국정원에서 지원을 계속한 것으로 알고 있습니다."

그 말에 재판장이 끼어들어 물었다.

"냉장고까지 챙긴다는 게 무슨 말인가요?"

"청와대 냉장고 안에 들어가는 음식이나 물까지 국정원에서 마련해 준다는 얘기입니다."

"그 외 어떤 걸 챙겨주나요?"

"국정원에서 청와대에 돈이 갔지만 정확히 어디로 갔는지, 그 금액은 얼마인지 알 수 없습니다."

이때 배석인 김종우 판사가 재판장에게 귓속말을 하는 모습이 보였다. 잠시 후 김종우 판사가 증인석에 있는 이헌수 국정원 기조실장에게 물었다.

"과거 안기부 시절 김영삼 정권에 돈을 지원했다는 소리가 있는데 노무현 정권 시절은 어땠나요?"

"당시 제가 국정원 예산관이었는데 청와대 비서관들에게 정례적으로 지원되는 것으로 들었습니다."

이번에는 배석인 강성훈 판사가 재판장의 허락을 얻고 물었다.

"이명박 정부 때는 국정원이 예전으로 회귀됐다고 하는데 정권의 변화에 따라 국정원 직원들이 느끼는 체감온도가 어떤가요?"

"정권에 따라 달라지는 부분이 있습니다."

방청석에 앉아서 나는 증인으로 나온 국정원 기조실장의 뒤통수를 보면서 여러 가지 상념이 들었다. 그는 정보기관에서 일생을 보냈다.

폐쇄된 정보조직 내부에서 일하는 사람들은 독 속의 게들처럼 그 좁은 항아리 속에서 조금이라도 높이 올라가는 게 그들의 인생 목표였다. 한 직급이라도 올라가기 위해 승진 때가 되면 몸부림쳤다. 그렇게 해서 마침내 탈환한 정상이 차장이나 기조실장 자리였다. 그는 거기까지 올라가기 위해 자신의 인생 모두를 걸었을 것이다. 그는 평생 국정원 직원으로 있다가 퇴직을 했다. 그러다 60세 정년이 초과하는 나이에 다시 국정원 기조실장이 됐다. 야당이 '별정직 공무원은 연령정년이 60세인데 국정원 기조실장이 연령정년이 넘은 사실을 문제 삼으려고 했다. 이헌수는 친한 안봉근 비서관에게 부탁을 했고 결국 대통령으로부터 사표가 반려된 적이 있었다.

그가 검찰에서 무장해제를 당한 데는 말 못할 그 나름대로의 사유가 있을 것이다. 그의 행위는 박근혜 전 대통령의 심복이던 경호관과 대비되고 있었다. 박근혜 대통령의 심복이던 경호관은 기 치료 아줌마나 의상실 비용까지 모든 돈 심부름을 한 인물이었다. 최순실의 비서 노릇까지 했다. 그러나 그는 검찰에서 단 한 마디도 불지 않았다. 문고리 삼인방이라고 불리는 비서관들도 사실상 자백한 내용이 없었다. 국정원 기조실장이라는 큰 둑만 허물어졌다. 어떤 약점을 잡혀 불지 않을 수 없었을 것이다. 인간의 약점을 잡고 구속시킨다고 겁을 주어 자백시키면 위법수사로서 증거로서의 자격이나 가치가 떨어진다. 나는 법정에서 그가 했던 진술의 신빙성을 무너뜨리고 싶었다. 그의 입에서 검사의 회유나 약속 같은 것들이 튀어나오게 하고 싶었다. 그러나 약점을 잡고 있는 검사 앞에서 과연 그가 그런 말을 할 수 있을까 하는 의문이었다. 다른 변호사에게 좌석을 양보하고 방청석에 앉아 있던 나는 일어나 재판장을 보면서 소리쳤다.

"제가 증인에게 몇 가지를 묻고 싶습니다."

"그러시죠."

재판장이 허락했다. 나는 변호인석으로 가서 국정원 기조실장을 보면서 묻기 시작했다.

"대북공작비 등 국정원의 특수활동비의 사용은 기밀을 요하는 사항 아닌가요?"

"그렇습니다."

"그런 사항들이 이렇게 공개된 법정에서 노출되면 정보기관이 상처를 받고 공작사업들도 지장이 있죠?"

"그렇습니다."

"기밀 중에서도 속칭 VIP라고 불리는 대통령에게 가는 돈은 더욱 외부누설이 금지되는 고급 기밀사항이라고 보는데 어떻습니까?"

"저도 그렇게 생각합니다."

나는 그를 핵심으로 유도하기 위해 당연히 긍정할 내용만 묻고 있었다. 그는 내가 어떤 방향으로 갈까 신경을 곤두세우고 살피고 있었다. 내가 계속했다.

"제가 알아본 바에 의하면 우리 국민이 해외에서 인질이 되었을 경우 그들이 요구하는 돈이나 또 대통령 나름대로 국가를 위해 포섭할 사람들이 있어 비용이 필요할 때 국정원 정보예산이 쓰일 수도 있다고 생각하는데 어떻습니까?"

"그건 그렇습니다."

그래서 대통령이나 국정원장의 특수활동비에 대해서는 전적인 재량권을 준 것이다.

"증인은 북의 김정은이 여기 피고인석에 앉아 있는 이병호 전 국정원장을 반드시 처단하겠다고 공개적으로 발표한 사실을 알고 있죠?"

"알고 있습니다."

"남북 정상회담이 이루어지고 평화무드로 전환되는 최근에도 김정은은 이병호만은 꼭 죽이겠다고 하면서 테러리스트를 보낸 사실을 알죠?"

"압니다."

"왜 그런가요? 그 배경은 이병호 전 국정원장의 대북특수공작 사업 때문에 그런 것 아닌가요?"

"그렇습니다."

"증인은 국정원에서 정보예산의 총괄책임자이고 결재까지 하는 지위에 있는데 당시 대북공작에 사용된 특수사업비 내역을 이 자리에서 밝힐 수 있나요?"

"그 구체적인 내용은 밝힐 수 없습니다."

"좋습니다. 약간 방향을 바꾸어 말할 수 있는 것을 물어보겠습니다. 이병호 전 국정원장이 김정은에 대한 것을 알아내기 위해 김정은과 친한 제3국의 인물을 포섭하기 위해 특별사업비를 사용할 수도 있는 것으로 아는데 어떻습니까?"

"그런 사실이 있습니다."

"구체적으로 그 내역을 이 자리에서 말할 수 있습니까?"

"비밀이라 곤란합니다."

"좋습니다. 그러면 정보예산인 특별사업비의 기밀성에 대해서 묻겠습니다. 안보의 최고책임자인 대통령에게 가는 돈은 그런 대북공작에 사용하는 돈보다 훨씬 급이 높은 기밀이 아닌가요? 저는 그렇게 보는데 어떻습니까?"

"맞습니다. 대북공작보다 훨씬 기밀이라고 저도 그렇게 생각합니다."

"기밀을 지켜야 한다는 의식이 뼈에 박힌 국정원에서 평생 근무한 증인은 왜 그 기밀을 지키지 못했나요?"

"저도 안 지키려고 한 것은 아닙니다."

"왜 기밀을 지키지 못하고 폭로했습니까?"

순간 그의 표정이 심하게 일그러졌다. 내 말이 그의 내면을 쿡 찌른 것 같았다.

"폭로라고 하지 마세요. 저도 어쩔 수 없는 상황이었어요."

그의 목소리가 떨리면서 얼굴에 순간 경련이 일었다.

"어쩔 수 없는 상황이라? 무슨 일이 있었나요?"

내가 되받아 물었다. 그 대답을 위해서 기나긴 다른 질문으로 우회해 온 것이다.

"잠도 자지 못하고 23시간을 조사받았어요. 저를 긴급구속시킨다고 검사가 겁을 줬어요."

그의 조서가 증명력이 희박하다는 걸 입증하는 순간이었다. 재판부가 외면하지 않는다는 전제이지만. 지난 30년 동안 변호사를 하면서 수많은 수사 절차에서의 불법을 호소했었다. 얻어맞아 뼈가 부러지는 고문을 입증해도 그걸 인정하는 판사를 본 적은 없었다. 그래도 변호사로서의 길은 가야 했다. 내가 질문을 계속했다.

"조사를 받고 검찰청을 나와 이병호 국정원장에게 전화를 걸어 '원장님을 배신했습니다'라고 고백을 했는데 그 의미가 뭡니까?"

거짓자백을 했다는 것인지 아니면 비밀을 지키지 못했다는 것인지가 분명하지 않았다.

"여기서 얘기하지 않겠습니다."

그가 묵비권을 행사했다.

"전화해서 배신했다고 말한 사실을 검사에게 다시 고백했는데 그건 또 무슨 행동입니까?"

"이병호 원장님께 그런 얘기를 한 것 때문에 구속이 될 뻔했습니다."

"증인이 검찰에서 만든 조서를 보면 증인은 당시 검사에게 청와대에 간 돈을 문고리 삼인방 비서관이 먹었을 것 같다고 진술한 것으로 되어 있는데 정말 그렇게 말한 적이 있나요?"

"그렇게 말한 적 없습니다. 그럴 리가 없습니다."

나는 결론 쪽으로 가고 있었다.

"검사는 증인이 청와대에 가져다 준 돈을 뇌물의 청와대 상납이라고 표현하는데 그 개념에 동의하십니까?"

"동의하지 않습니다. 저는 예산지원이라고 했습니다."

그의 말과 그가 검찰에서 했다는 진술을 적은 조서는 전혀 달랐다.

증인신문이 끝나고 잠시 휴정이 됐을 때였다. 화장실에서 소변을 보는데 옆에 이원종 대통령 전 비서실장이 서서 내 쪽으로 얼굴을 돌리며 말했다.

"엄 변호사가 묻는데 내 속이 다 시원하더라구요."

16:

안봉근 비서관

2018년 10월2일 오전 10시 고등법원 312호 법정에는 박근혜 전 대통령의 문고리 삼인방이라고 불리는 비서관 중의 한 사람인 안봉근 비서관이 나와 있었다. 그는 국정원 기조실장으로부터 뇌물을 받은 혐의로 구속되어 재판을 받고 있었다. 그는 대통령의 곁에 항상 서 있거나 부르면 곧 갈 수 있는 곳에 있었던 비서관이었다. 대통령의 현장 방문시 자료를 준비하고 미리 대통령의 동선(動線)을 확인하고 점검했다. 그 외 현장 수행시 민원처리와 관저 관리를 하고 대통령의 사적인 영역에 해당하는 업무도 처리했다. 그는 국정원의 기조실장인 이헌수와 한 달에 한두 번 만나 이런저런 얘기를 한다는 사이였다. 검사가 그에게 법정 벽의 화면에 뜬 박근혜 전 대통령이 쓴 진술서를 가리켰다. 원문을 그대로 옮기면 이랬다.

진 술 서

국선변호인으로부터 재판장님께서 구두로 확인을 구하신 부분이 있다는 전언을 받았습니다. 이에 대하여 아래와 같이 답변을 드립니다.

1) 비서관 3명의 말만 듣고 국정원 예산을 지원받으라고 지시를 한 것에 대하여

－2013. 3.4.경 "국정원에서 청와대에 지원하는 예산이 있다. 지난 정부에서도 이를 지원받아서 사용을 하였다"라는 보고를 받은 사실이 있습니다. 당시 처음 저에게 이를 보고한 사람이 누구인지 명확하지 않습니다.

－그 후, 부속실의 비서관에게 "국정원에서 청와대에 지원하는 예산이 있다고 하는데 확인해 보고, 지원을 받을 수 있다면 받아서 업무에 활용하라"고 지시를 하였고, 그 비서관으로부터 국정원에 이를 전달하여 지원을 받기로 했다는 보고를 받았습니다.

－저는, 비서관들이 국정원으로부터 지원받은 예산을 사적으로 사용하지 않고 필요한 업무에 사용할 것으로 생각하였기에, 그 사용처나 사용내역에 대해 보고를 받거나 확인을 한 사실이 없습니다. 나아가 국정원으로부터 지원받은 특활비를 제가 전달받아 사용한 사실은 전혀 없습니다.

2) 2016. 9.경 2억 원을 전달받은 경위에 대하여

－2016. 9.경 정호성 비서관이 관저로 2억 원을 가져온 사실이 있습니

다. 당시 정호성 비서관은 저에게 "국정원장께서 추석 때 격려금으로 필요하실 때 사용하시라고 보내신 것이다"라고 하였습니다. 당시 저는, 명절 때 격려금으로 사용하라고 돈을 보낸 적이 없어서 조금 의아하였지만, 이병호 원장이 깐깐하신 분이라서 법에 어긋나거나 지원해서는 안되는 돈을 보낸 것으로는 생각할 수 없었습니다. 그래서 이병호 원장이 보내온 2억 원을 당시 직원들의 격려금으로 사용을 하였습니다.

2018. 7. 5.

진술인 박 근 혜

⋯⋯⋯⋯⋯⋯⋯⋯⋯⋯⋯⋯⋯⋯⋯⋯⋯⋯⋯⋯⋯⋯⋯⋯⋯⋯⋯⋯⋯⋯⋯⋯

진술서를 가리키며 검사가 비서관이었던 증인 안봉근에게 물었다.

"증인은 대통령에게 전부터 관행적으로 국정원에서 돈을 받아왔고 법률적으로 문제가 없다고 보고한 사실이 있나요?"

"그런 사실이 없습니다."

"박근혜 대통령이 그렇게 진술했는데 아닌가요? 박근혜 대통령의 진술서를 다시 한 번 보세요. 진술서에서 말하는 세 명의 비서관은 이재만, 정호성 및 증인을 의미하죠?"

"그렇습니다."

"그 보고를 한 건 증인이 아닙니까?"

"아닙니다. 저는 그런 사실을 전혀 몰랐습니다."

"그러면 문고리 삼인방의 다른 비서관인 이재만이나 정호성인가요?"

"저뿐 아니라 이재만이나 정호성도 국정원 예산에 대한 성격을 잘 모르는 상태였습니다. 저희들이 지금까지 대통령을 모시면서 잘 모르는 사항은 보고하지 않습니다. 제 경험으로 봤을 때는 정호성이나 이재만도 보고하지 않았을 것으로 봅니다. 예산에 관한 지식이 없는 상황에서 그렇게 말할 수는 없다는 겁니다."

"증인은 국정원 기조실장으로부터 개인적으로 돈 봉투를 받은 적이 있지요?"

"그것에 대해서는 진술을 거부하겠습니다."

"최순실의 수첩 기재 메모를 보면 최순실이 국정원 자금을 관리하면서 문고리 삼인방에게 격려금까지 준 것 같은데 아는 바가 있나요?"

"아는 바가 전혀 없습니다."

"증인은 최순실이 박근혜 대통령의 삼성동 사저 2층에 현금이 든 금고를 보관하고 있던 사실을 알고 있나요?"

"전혀 모르겠습니다."

"박근혜 대통령의 공적이거나 사적 영역이거나 모두 포함해서 돈 문제를 담당했던 사람은 누구인가요?"

"박근혜 대통령의 재산관리가 특별히 복잡한 게 아닙니다. 집 한 채와 통장을 가지고 계셨는데 대통령이 관리하고 저희들이 따로 할 것이 없었습니다."

"증인은 박근혜 대통령의 심부름으로 박근혜 개인계좌에서 매월 2000만 원씩 출금해서 가져다 드린 적이 있죠?"

"그렇습니다."

"저희가 수사과정에서 박근혜 대통령의 출금내역을 확인했는데 2014년 3월부터 2016년 12월까지 총 3억 7900만 원을 출금했는데 어디에 그 돈을 사용했죠?"

"모릅니다."

"수사과정에서 대통령의 의상실 운영비용을 보면 그 부분만 해도 6억 9000만 원 정도 되는데 그렇다면 대통령 계좌에서 매월 출금한 부분으로는 감당하기 어려운데 부족한 부분은 국정원 돈으로 한 것이 아닌가요?"

"저는 모릅니다."

"증인은 국정원 기조실장이 주는 돈을 청와대 옆 골목길에서 은밀히 받아 대통령에게 전달해 왔지요?"

"그렇습니다. 국정원의 기조실장한테서 돈 가방을 받아 이재만 총무비서관에게 전해 줬습니다."

"왜 골목길을 옮겨 다니면서 은밀하게 그 돈을 받았죠?"

"별 뜻이 없었습니다. 제가 자주 다니는 길이고 편하고 익숙했기 때문입니다. 제가 정말 은밀한 곳을 찾으려면 CCTV가 많은 그곳이 아니라 다른 곳에서 받았을 겁니다."

"2016년경 미르·K스포츠 문제를 비롯해서 최순실의 국정농단이 언론에 보도될 무렵 증인의 입장은 어떤 것이었습니까?"

"당시 이헌수 실장이 언론보도를 굉장히 우려했고 제 입장에서는 국정원 기조실장의 얘기면 가볍게 넘길 수 없는 사안이라고 생각해서 대통령에게 보고 드렸습니다. 대통령이 들으시고 '그러면 중단해야겠네요'라고 말씀하셨습니다."

"그 후 2016년 9월경 증인은 국정원 기조실장 이헌수와 통화를 한 적이 있지요? 어떤 대화가 오고갔나요?"

"이헌수 기조실장이 저에게 명절 때 대통령이 가장 필요한 게 뭐냐고 하면서 아이디어를 달라고 했습니다. 그래서 명절이라 대통령이 금일봉 등 돈 쓸 일이 많이 있을 테니까 그런 쪽으로 지원해 주면 좋겠다고 했습니다."

"이헌수는 증인이 추석 무렵 2억 원을 받은 이후 대통령이 매우 흡족해 하셨다는 말을 전해 들었다고 하는데 어떤가요?"

"저는 그런 말을 꾸며서 하지 않습니다. 그런 사실 자체가 없습니다."

"증인은 박근혜 대통령이 1998년 4월2일 재보궐 선거의 당선으로 처음 정계에 입문할 때부터 제19대까지 5선 국회의원, 제17대 대선후보 경선 출마 및 제18대 대통령직 당선까지 박근혜와 정치인생을 함께 했죠?"

"그렇습니다."

"박근혜 대통령은 20년 가까운 시간 보좌를 해 온 증인 안봉근을 누구보다 신뢰하지 않았나요?"

"그것에 대해 저는 모르겠습니다."

나는 변호인으로서 그에게 어떤 걸 물을까 속으로 고심하고 있었다. 그동안의 인상으로 보나 대통령의 딸로서 성장과정으로 보나 박근혜 전 대통령이 돈에 대해 지저분할 것으로는 생각하지 않았다. 그런 성품 정도는 박근혜 전 대통령에게 유리할 것이기 때문에 그 비서관의 입을 통해 나타내면 좋겠다는 생각을 했다. 내가 변호인석에서 일어서서 그에게 묻기 시작했다.

"최순실의 국정농단과 관련한 의혹보도가 나올 당시에 그걸 가볍게 받아들여서는 안 되겠구나 하고 생각을 하셨다고 말했는데 그건 어떤 의미인가요?"

"국정원 고위층의 생각이, 돈 문제로 대통령이 오해를 받을 수 있는 상황이었습니다. 대통령에게 아무 이야기 안 한다는 게 문제가 있다고 생각해서 그 얘기를 전달했습니다."

"그 말을 들은 박근혜 대통령의 인식은 어떤 것이었습니까?"

"중단하겠다는 생각 같았습니다."

"돈 받는 게 잘못이기 때문에 그런 것인가요?"

"잘못이라기보다는 정치적 공세에 휘말릴 우려 때문에 자제하시려는 것 같았습니다."

"대통령의 그 말을 들은 후 어떤 조치를 취했습니까?"

"대통령이 따로 조치를 취할 것으로 생각했습니다."

"박근혜 대통령의 스타일로 봤을 때 보통 어떤 조치를 취합니까?"

"저 아닌 관계자한테 직접 연락을 할 것 같았습니다. 비서관들을 시키지 않고 직접 전화를 하시는 경우가 많았습니다."

"오랫동안 대통령을 모셨는데 박근혜 대통령의 돈에 대한 철학은 어떻습니까?"

"돈에 대한 개념이 별로 없습니다."

"개념이 없다니요? 그 말은 공금(公金)과 사금(私金)을 구별 못한다는 오해를 일으킬 수도 있는데 개념이 없다는 건 무슨 뜻입니까?"

"그런 게 아니라 돈에 대한 욕심이 없으시다는 말입니다."

"이 사건은 대통령의 국고손실죄 아닙니까?"

"대통령께서 국고손실로 생각하셨으면 절대 그렇게 하시지는 않았을 것입니다."

창백한 얼굴에 길게 찢어진 그의 눈에는 두려움이 가득했다. 그와 눈빛이 부딪쳤다. 나는 그에게 안심하라는 호의적인 눈빛을 보내면서 질문을 계속했다.

"검찰에서는 국정원의 돈이 청와대에 가는 것을 뇌물상납이라고 했는데 동의합니까?"

"지금까지 제가 박근혜 대통령 옆에서 정치를 보아오면서 그분이 어떤 누구한테도 돈을 받는 것은 본 적이 없습니다."

"박근혜 대통령이 공금을 혹시 사적으로 쓸 가능성은 없습니까?"

"대통령님은 공금은 반드시 확인하는 스타일입니다."

"경호실 직원이나 자문의, 간호사 등 의무파트, 총무과 소속 시설팀, 주방요리사 등 50명에게 나누어준 격려금엔 국정원에서 온 돈이 들어있지 않나요?"

"제가 직접 하지는 않았지만 격려금에 포함되어 있을 겁니다."

"박근혜 대통령은 개인적으로 필요한 돈은 어떻게 마련해서 쓰나요?"

"제가 근무하면서 대통령의 통장에서 매달 2000만 원 가까이를 인출해 대통령께 올렸습니다. 개인적인 것은 대통령이 그 돈으로 지불하셨을 겁니다. 국회의원 시절에도 항상 그렇게 하셨습니다."

17:

정치관여죄

구치소 마당에 외롭게 서 있는 한 그루의 나무가 무성했던 잎을 다 털어버리기 시작했다. 인간도 어쩌면 마찬가지가 아닐까. 잎으로 무성하던 나뭇가지에서 새가 울고 꽃이 핀다. 그러다 가을이 오면 잎을 다 털어버리고 빈 가지만 쓸쓸하게 남는다. 이윽고 겨울이 오면 눈이 오는 숲 속에서 허공을 향해 빈 손을 든 공허한 나무가 되는 것이다. 나이 여든의 이병호 국정원장도 그런 느낌이 들었다. 내남없이 얼마 남지 않은 세월의 끝에 있는 사람은 다 비슷할 것이다. 그게 섭리가 아닐까. 교도소 사동(舍棟)의 맨 끝 벽 쪽의 유리박스 8호실에서 이병호 원장을 만났다.

"검찰 측 논리에 대해 어떻게 생각하십니까?"

"정보기관의 속성에 대해 너무 모르고 법이라는 잣대만 가지고 판단을 하는 것 같아요. 그렇게 촘촘한 법의 잣대로 재면 정보기관은 마비되고 맙니다."

"검사나 판사들이 비밀에 싸여있는 정보기관을 어떻게 알겠습니까? 그들이나 국민들의 인식에는 부정적인 면이 더 많을 겁니다. 그게 원인이 되어 이렇게 감옥에 계시는 게 아닐까요? 그 십자가를 지고 가신다고 생각합니다."

그는 내 말에 동의하지 않는다는 표정을 지으며 다른 의견을 제시했다.

"중앙정보부나 안전기획부로 불리던 시절과 제가 지휘하던 국가정보원 시절은 전혀 달라요. 엄 변호사가 보시던 예전 정보기관에 대한 인식을 저한테 적용하면 맞지 않아요. 저는 국정원이 정치에 관여하지 못하게 하고 순수 정보기관을 만들었다고 자부하는 사람입니다."

나는 그에게 정보기관의 원죄(原罪)에 대해 묻고 싶은 마음이 들었다. 물론 그의 책임은 아니었지만 평생 그곳에서 일한 사람으로서 보고 느낀 게 있을 게 틀림없었다.

"역대 정보기관장이 왜 거의 다 정치에 관여했었죠? 선거에도 개입하고 여당, 야당 외에 거대한 제3당이라고 불릴 만큼 정치 그 자체였지 않습니까? 그것에 대해서는 뭐라고 말씀하시겠습니까?"

"역대 정보기관장 34명 중에서 대선캠프에서 일하지 않은 사람으로는 제가 최초입니다. 대선캠프에서 일한 인물을 국정원장으로 임명하는 자체가 정치라는 생각입니다. 임명된 후부터 정치에 개입하지 않을 수 없는 거 아닌가요?

제가 국정원장이 돼서 보니까 국회에 파견된 요원이 수시로 국회의장이나 의원들의 동향을 보고하는 거예요. 제가 당장 그 직원을 잘라버렸죠. 국정원의 정보업무란 정치인을 사찰하는 게 아닙니다. 그런데 오랫동안 정치에 오염된 국정원 직원들이 정보기관 고유의 목적에 대한 인식이 희박하더라구요. 자신들의 정체성이 확립이 되지 않은 거죠. 저는 중앙정보부 시절부터 해외정보 전문이었기 때문에 세계 정보기관들을 많이 공부했다고 생각합니다. 기본적으로 그동안 국정원장으로 온 사람들자체가 정보업무가 뭔지, 정보기관이 어떻게 해야 하는 건지 상식조차도제대로 가지고 있지 않은 사람들이 많았어요. 검사를 하다가 오거나 군인이 온 경우가 대부분입니다. 어떻게 정보기관의 본질에 대해 알겠습니까?"

"좋습니다. 그러면 국정원장으로 계시던 지난 몇 년간도 조직 속에서국내정보를 파악하게 하고 보고를 받으시지 않았나요?"

"그건 그랬죠."

"간첩들과 관련된 국내 보안정보만 해야 하는데 왜 정치·경제·사회·문화 등 전 영역에 걸쳐 국정원 요원들이 정보를 수집합니까? 다른 시각에서 보면 그건 세상을 위축시키는 사찰일 수도 있는 것 아닙니까? 그런 것들을 어떻게 이해해야 하겠습니까?"

"예를 들면서 설명해 보겠습니다. 요즈음은 여러 경비회사들에게 빌딩이나 회사의 안전을 맡깁니다. 그러년 경비전문회사에서 먼저 하는 일이 뭘까요? 그 회사의 내부구조를 철저히 파악하는 겁니다. 그리고 취약한 요소에 CCTV를 설치하기도 하고 경우에 따라서는 인원을 배치하기도 합니다. 먼저 지켜야 할 대상에 대해 정확한 정보를 파악하는 게 선결문제입니다. 국가정보원이 사찰을 하기 위해 그러는 게 아닙니다. 사회 모든 분야에 잠재해 있을 국가안보의 위해요소를 파악하기 위해서 정치·경제·사회의 현 상황을 파악할 필요가 있습니다. 그건 목적을 수행하기 위해 전제되는 상황에 대한 판단을 하기 위한 것일 뿐이예요.

국정원이 경제 분야의 각 첨단기업의 시설과 인원에 대해 정보를 수집하기도 합니다. 우리의 기술을 지키기 위해서죠. 첨단기술 정보가 흘러나갈 수 있는 취약한 지점이 어디인가를 파악하기 위해 시설보안을 담당하기도 하고 뇌물에 약한 인간을 알아보기도 하는 겁니다. 경제를 사찰하기 위해 그렇게 한다? 그건 정보업무의 본질이 아니라고 생각합니다. 정보기관으로서의 본질은 국내정보가 아니라 우리의 적(敵)인 북한에 대한 것입니다."

"국정원에서 국내 각 분야에 IO(Intelligence Officer·국내정보 담당관)라고 하는 정보관을 보내 정보를 수집하는 것에 대해 어떻게 생각하십니까?"

내가 되물었다.

"국정원의 국내 IO는 정치 경제 사회 문화 등 각 분야에 대한 정보를 수집하기 위해 운영되는 것은 아니었어요. 국정원은 국가안보를 지키는 것을 소명으로 하고 있습니다. 국가안보의 위협요소는 우리 사회 각 분야에 산재해 있죠. 예를 들어 북한뿐만 아니라 외국정보기관도 우리 사회 각 분야에 침투를 시도하고 있어요. 첨단기술을 훔치려고도 하고요. 국정원의 국내 IO들은 일차적으로 이런 위험요소들을 스크린하는 역할을 합니다. 그 과정에서 위험요소가 발견되면 그때 방첩 또는 보안, 대공수사 등 전문부서가 투입됩니다. 각 분야별 국내 IO는 국가안보를 지키기 위한 국정원의 정보운영방식의 하나일 뿐입니다. 범죄예방을 위한

CCTV 역할과 비교할 수 있을 거예요. 저는 그 과정에서의 불법은 극도로 경계했습니다. 저는 국가안보문제에 있어 인권침해의 불법이 없는 한 정보운영방식은 국정원이라는 전문부서에 맡겨야 한다고 생각합니다. 정보수집은 유연하게 허용되어야 한다는 거죠."

"그러면 제대로 된 정보기관은 어떤 것이라고 보십니까?"

"우리의 타깃인 북한을 파악하는 것입니다. 북한 내부의 단체나 개인의 기밀을 알아내는 겁니다. 알아낸다고 하지만 사실은 수단방법을 가리지 않고 훔치는 일이죠. 그런 기밀을 훔치기 위해 북한주민을 포섭해 고정 스파이로 박아놓기도 하고 그들의 사이버 통신을 감시하기도 하고 도청과 감청 인공위성이나 드론 등 할 수 있는 모든 수단방법이 동원됩니다. 국정원은 북한 내부의 상황을 손바닥 위에 올려놓듯이 봐야 해요. 그렇게 하려면 북한의 권력층 주변에 있는 사람들을 포섭해서 우리 사람으로 만들기도 해야죠. 예를 들면 태영호 같은 고위층 출신 인물들은 많은 도움을 줬죠."

그의 얘기를 들으면서 문득 북한의 김정은이 발표했던 성명이 떠올라 물었다.

"김정은이 이병호라는 이름을 대면서 북으로 꼭 넘겨달라고 조선평양방송부터 시작해서 각 매체를 통해 발표하고 처단할 것을 선언했는데 왜 그렇게 김정은의 공격대상이 되셨죠?"

"그건 비밀이기 때문에 제가 전모(全貌)를 말할 수는 없어요. 정보기관은 수동적으로 방어를 하는 군대와는 달라요. 적극적으로 행동해야 합니다. 남북의 정보전에서 북한을 뒤흔들고 압박해야 하는 겁니다. 정보기관이라면 그런 일에 올인 해야 하는 거예요. 국내정치나 정보에 국정원장이 신경을 쓸 틈이 없어요. 나는 국정원을 이스라엘의 모사드 같은 정보기관다운 정보기관을 만들고 싶었어요. 2006년경 김정일이 뇌출혈로 쓰러지자 후계자 문제가 거론됐어요. 장남인 김정남은 평소부터 중국식 개방경제로 나가자고 아버지한테 정책 건의를 할 정도로 강한 의지를 보이고 있었죠. 고모부인 장성택을 배경으로 중국의 권력층과도 연결되어 있었어요. 고난의 행군 시절 수많은 북한 주민들이 굶어죽는 것을 보고 김정남이나 장성택은 더욱 중국식 개방을 강하게 주장했죠. 그런데 그 아버지 김정일은 고분고분하지 않은 아들인 김정남이 마음에 들지 않았던 것 같아요. 김정일은 김정은에게 권력을 세습하면서 절대 피붙이는 죽이지 말라는 게 그의 유언이었습니다. 권력 내부에서 일어날 피 냄새를 사전에 맡았는지도 모르죠.

권력을 장악한 김정은은 장성택 계열을 모두 숙청했습니다. 의심스런 군부의 지휘관들도 숙청했죠. 6·25 전쟁 때도 인민군 사령관들을 그렇게 없앤 적이 없는데 말이에요. 김정은에게 아부하는 무기력한 장성만 살아남은 현재 북한의 군대는 대한민국을 쳐들어올 능력이 없어요. 형 김정남까지 암살했죠. 북한 내부를 보면 자유진영의 문화나 정보가 들어가면서 주민들의 생각이 달라졌어요. 김정은 독재에 반발하는 기류가 생긴 거죠. 국정원이 그들을 지원하는 건 당연합니다. 자생적인 저항집단을 도와줬는데 그런 시도가 중간에서 발각되는 바람에 제가 북의 최고 존엄의 생명을 해치려는 테러리스트가 된 거죠."

"국정원장으로 가까이서 본 박근혜 전 대통령은 어떤 사람이었습니까?"

예리한 그의 시각을 통해 박근혜 전 대통령의 모습을 알고 싶었다.

"제가 보기에는 여성이라도 역대 다른 대통령이 가지지 못한 카리스마가 있었어요."

"구체적으로 예를 들면 어떤 거죠?"

"개성공단의 폐쇄 같은 거죠. 당시 관계 장관이나 사회여론이 개성공단을 폐쇄하면 안 된다는 게 대세였어요. 그런데도 혼자 단호히 결론을 내렸어요. 손해를 보더라도 대북제재를 하는 국제정세에 맞추자는 강한 의지였어요. 반대를 무릅쓰고 결단을 내린 거지 주위에 있는 최순실 말 듣고 그렇게 할 사람이 절대 아닙니다. 또 전방에서 북괴가 설치한 목함지뢰에 우리 병사가 다쳤을 때만 해도 그래요. 당시 남북한 군사고위급 회담이 상당히 진척됐었는데 전화로 연락해서 전부 철수하라고 명령을 내렸어요. 쉽지 않은 대통령의 결단입니다. 그걸 보면 카리스마가 대단하다니까요."

"일부에서는 내공이 쌓이지 않았다느니 무능하다느니 하는 말도 들리는데 옆에서 지켜보니까 어떠셨습니까?"

"저는 그렇지 않다고 봅니다. 한번은 텔레비전에서 안보와 외교에 대해 발표하는 상황을 지켜본 적이 있습니다. 방송 한 시간 전에 그 분야의 전문가 스무 명 가량이 이 소리 저 소리를 하는 겁니다. 각자 그 기회에 잘 보이려고 중구난방(衆口難防)으로 떠드는 경향도 있었어요. 박근혜 대통령은 그 말들을 침묵하고 들으면서 수첩에 메모를 하고 있더라구요. 그리고 방송이 시작됐는데 말하는 걸 보니까 아주 핵심을 정리해서 잘하는 거예요. 그건 탁월한 능력이었습니다. 제가 보기에는 그래요."

"20대 총선을 앞두고 여당 내에서 친박과 비박의 공천갈등이 심했던 일 잘 아시죠? 그런 정치적 배경이 대통령의 탄핵과 파면 그리고 박근혜 전 대통령 구속의 원인이 되기도 했는데 공천 갈등 때 정보기관인 국정 원이 관여하지 않았나요? 예전 같으면 주도적으로 깊숙이 들어갔을 텐데 말입니다."

예전에는 대통령이 저항하는 지역구 국회의원을 정보기관을 통해 주 저앉히기도 하고 약점을 잡아 혼을 내기도 했었다. 그렇게 정보기관은 채찍의 역할을 한 적이 많았다.

"저는 처음부터 정치에 관여하지 않겠다고 선언했었습니다. 공천이나 선거에도 관여하지 않았고 어떤 정보도 제공하지 못하게 했습니다."

"당시 정무비서관의 증언을 들어보면 대통령이 정무수석과 둘이서 공 천에 관한 문제들을 처리한 것 같던데요."

"글쎄 말이에요. 비서실장이던 이병기 씨는 사실 정무에 대한 감각이 뛰어난 사람이에요. 그에게 맡겼더라면 비박과의 그런 감정대립 없이 잘 해결했을 텐데 아쉽습니다. 정무수석은 건달같이 좀 설치는 성격이에요. 비서실장을 제쳐놓고 정무수석만 데리고 공천에 관한 걸 한 박근혜 대통 령에게 문제가 있었다고 생각해요. 이병기 비서실장이 더러 대통령에게 바른 말을 했어요. 그 다음부터 대통령이 비서실장을 부르지 않고 배제 했어요. 아마 비서실장을 할 때 힘들었을 겁니다."

"원장님께서는 여론조사 비용을 청와대에 제공했다고 지금 국정원장 의 정치관여죄로도 기소되어 있잖아요? 정치관여를 하지 않겠다고 선언한 분이 그 죄로 법정에서 심판을 받고 있으면 제일 더럽게 된 거 아닙니까? 정말 실상은 어떤 겁니까?"

"실상은 간단해요. 저는 정치에 관심이 없었어요. 국정원장의 특활비를 청와대에 고정적으로 준다고 회계를 맡은 기조실장이 보고해서 그러면 그렇게 해라 한 거죠. 또 박근혜 대통령이 전화나 만났을 때 지시를 했었죠. 법을 보면 우리는 대통령 직속 기구입니다. 그러면 당연히 조직이나 예산에 대한 지휘권이 있다고 저는 생각한 겁니다. 여론조사 비용의 지원문제도 그래요. 기조실장이 그 보고를 하러 들어왔을 때 저는 대북보고서에 빠져 있었어요. 그걸 보면서 기조실장 보고는 건성으로 들었어요. 청와대에 여론조사 비용을 줘야겠다고 해서 그러라고 한 거죠. 청와대에서는 정책에 대한 여론조사를 당연히 할 수 있죠. 비용이 부족하다고 하니까 주라고 한 거죠. 만약 기조실장이 여당 내 공천에 대한 여론조사를 하는데 그 비용을 준다고 했다면 '그거 법적으로 문제 없겠냐?'고 물었을 겁니다. 삼십 초도 안 되는 시간 동안 그렇게 한 게 다예요. 사실 특활비의 청와대 지원에 대해서 기조실장이 검찰에서 내가 뭐라고 지시했다고 이 말 저 말 했는데 제가 구체적으로 한 말이 없어요. 부하를 믿고 다 맡겼는데 일이 이렇게 됐습니다."

"다음 증인이 국정원의 방첩국장이던데 정보기관의 본질이나 특활비 문제를 그를 통해 진술을 받아내면 어떨까요?"

"국정원 예산을 내가 직접 처리하는 것으로 검찰이 아는데 그게 아니라는 걸 입증하기 위해서 다른 변호사가 신청한 거죠. 그 친구 아는 게 거의 없을 걸요. 기대하지 마세요."

"다음번 법정에서는 이병호 원장님도 할 말은 하게 기회를 만들려고 합니다. 구치소 접견실에서 이렇게 주고받는 말은 증언이 되지 않아요. 법정에서 신문절차를 통해 녹음이 되고 기록으로 남아야 합니다."

18 :

방첩국장

2018년 10월4일 오전 10시. 방청석과 증인석 사이에 두꺼운 가리개가 설치되어 있었다. 재판장이 방청석의 기자들을 향해 말했다.

"국정원의 간부인 증인이 신분 노출을 꺼려서 차폐시설을 했습니다. 양해하시기 바랍니다."

증인보호실에 있던 증인이 판사 출입문을 통해 조용히 나와 증인석에 앉았다. 시간이 흘렀지만 어디서 본 낯익은 얼굴이었다. 그랬다. 내가 잠시 안기부에서 근무할 때 수사관으로 일하던 사람이었다. 같이 공수부대에서 훈련을 받기도 했었다. 세월이 흐르고 그가 국장까지 간 것 같았다.

"증인의 국정원 경력은 어떻습니까?"

내가 묻기 시작했다.

"국정원이 안기부라고 불리던 시절 정보기관의 엘리트 코스인 정규과정으로 들어가 수사관으로 30년 근무해 왔습니다. 수사국장이 되어 이병호 원장님을 모시고 일을 했습니다."

"국정원의 정치개입에 대해 이병호 전 국정원장은 어떤 입장이었나요?"

"지난 대통령선거를 앞두고 있던 2017년 1월1일이었습니다. 이병호 원장님은 신년사에서 후보 진영별로 국정원을 정국에 이용하려는 시도가 있을 것이라고 보고 국정원 직원 누구도 정치에 끌어들이려는 유혹에 빠지지 않도록 프로의식을 가지라고 하셨습니다."

"국정원이 정치관여로 사회적 지탄을 받는 것에 대해 그 기관에서 평생을 지낸 증인의 입장은 어떤 것입니까?"

"순수한 정보전문가로 팔십 평생을 살아온 이병호 원장님이나 젊은 시절부터 정보수사분야의 전문가로 살아온 저 같은 사람에게는 조직원으로서 마음의 상처라고 생각합니다."

"이병호 원장이 국정원 지휘에서 중점을 두었던 분야는 어떤 것이었나요?"

"2015년경 북한의 핵 무력이 증대되고 국제적으로 북한에 대한 제재조치가 전방위적으로 이루어지고 있었습니다. 국정원은 미국과의 정보협력 관계를 유지하면서 수많은 정보현안을 처리하기에 정신이 없었습니다. 원장님은 대북이나 해외분야 전문가시라 그 쪽에 신경을 많이 쓰시고 국내분야는 저 같은 부서장에게 위임해 주셨습니다."

"그 시절 이병호 국정원장은 어떤 공작을 지휘하셨죠?"

"보안사항이라 정확히 모르지만 북한의 김정은이 조선중앙통신과 조선중앙방송 등 관영매체를 총동원해서 남쪽의 이병호가 북에 침투시킨

테러범 일당을 체포했다고 하면서 이병호를 북으로 넘기라고 한 사실을 알고 있습니다."

"그 무렵 이병호 원장은 어떤 지시를 내렸습니까?"

"국정원의 간부들 앞에서 북한과의 마지막 전투라는 민족적이고 역사적 과제를 수행해야 한다고 하셨습니다. 북한과의 최후의 결전을 해야 한다고 하셨습니다. 국정원은 정보수집의 차원을 넘어 북한체제를 찌르는 창의 역할을 해야 한다고 하셨죠."

"국정원의 정보예산에 대해 말씀해 주시죠."

"정보조직은 세계 어느 나라나 포섭대상을 매수하기도 하고 또 범죄조직이나 테러리스트에게 돈을 주고 은밀히 어떤 일을 시키기도 하는 특수공작 활동을 하고 있습니다. 그런 곳에 사용되는 정보예산은 철저히 기밀로 되어 있고 금액뿐만 아니라 사용처나 사용방법도 철저히 비밀입니다. 이스라엘의 정보조직인 모사드가 가장 전형적인 예입니다. 그런 정보기관의 일들을 실정법의 잣대로 보면 모두 범죄가 됩니다."

"그래서 정보기관의 일들은 음지에서 이루어지고 국익을 위한 것이면 사법처리의 대상에서 제외시키는 경우가 많지 않습니까?"

정보조직 내에서 그런 일이 더러 있었다. 나의 질문이 그의 정보기관원의 방어감정을 자극한 것 같았다.

"그건 잘 모르겠습니다."

그가 내가 질문하는 취지를 알아채지 못한 것 같았다. 그는 내가 정보기관의 그동안의 불법을 들추어 내는 것으로 오해하고 있는 것 같았다. 나는 30년 전 안기부 정보학교에서 배운 정보공작 이론이 떠올랐다.

"증인은 30년 전 본 변호인하고 같이 정보기관 내에 설치된 정보학교에서 교육을 받았는데 기억합니까?"

"기억합니다."

"당시 정보교과서에 나와 있는 정보의 기본이론인데 모릅니까?"

"30년 전 배운 걸 어떻게 기억하겠습니까?"

나는 질문의 방향을 돌렸다.

"대통령과 국정원의 관계는 어떻습니까? 국정원의 국장이면 그에 대해서 얘기할 수 있으시죠?"

"안보공동체로서 대통령의 직속기관이 국정원입니다. 대통령을 보좌하는 기관입니다. 제가 몇 분의 원장님을 모셨는데 이병호 원장님은 국가안보에 대한 열정이 가장 뛰어나셨고 직원들과 함께 아픔을 같이 했던 분입니다. 업무에 대한 열정이나 헌신은 대단하다고 인식하고 있습니다. 그래서 제가 가장 존경합니다."

19:

증인 이병호

국정원장이었던 이병호가 증언석에 앉았다. 중앙정보부 시절부터 무소불위의 권력이라고 했던 정보기관이 법의 심판대 위에 오른 셈이었다. 변호인들도 그늘 속에 있던 정보기관에 대해 호의적은 아닌 것 같았다. 이병호 국정원장은 기자들이 참석한 공개재판이지만 할 말은 해야 하겠다는 표정이 역력했다. 검사가 묻기 시작했다.

"국정원 간부들에 대한 인사안을 민정수석실로 보내고 이후 대통령의 결재를 거쳐 확정되죠?"

"그렇습니다."

"간부들의 인사안을 청와대 측에서 변경하도록 요구한 사실이 있나요?"

"그 말에 꼭 답변을 해야 하는지 모르겠지만 있습니다."

"말씀해 주실 수 있나요?"

"답변하는 것이 적절치 않다고 생각합니다."

"국정원에서 매일 청와대로 보고하는 내용에 기업들의 애로사항 및 문제점 등이 포함되어 있는 게 맞나요?"

"기업들의 애로사항 그런 것은 안합니다."

"국내경제 동향은 있었나요?"

"국가안보와 관련해서 경제적으로 문제점이 있다고 하는 부분에 대해서는 지적을 하지만 일반적인 경제동향은 안합니다."

"증인은 대통령 비서실장에게 1억 5000만 원을 전달한 사실이 있지요?"

"그렇습니다."

"국정원장인 증인에게 나오는 특별사업비에서 준 거죠?"

"그렇습니다."

"특별사업비는 대북공작, 해외공작, 대(對) 테러비용 등 특수사업을 위해 사용되어야 하는 게 아닌가요?"

"그 질문에 대해 국정원장을 지낸 사람으로서 국정원의 임무에 대해 말씀드려야 하겠습니다. 국정원은 먼저 정보활동을 통해 국가의 안전을 지켜나가는 업무를 수행합니다. 국정원만 국가안보 업무를 하는 것은 아닙니다. 국방부도 있고 외교부도 있고 통일부도 있고 국가안보실도 있고 그 모든 정점(頂点)에는 대통령이 있습니다. 그런데 실제로 국정원이 업무를 수행하는 데 있어 홀로 업무를 수행할 수는 없습니다. 다른 안보부처와 끊임없이 연동되어서 유기적으로 작동합니다. 예를 들어서, 국정원이 해야 할 해외정보 활동이 있습니다. 그 해외정보 활동은 외교부와 밀

접하게 연계되어 할 수밖에 없습니다. 또 북한문제, 북핵문제는 국방부와 연결되어 할 수밖에 없습니다. 또 대공수사 문제는 경찰과 검찰이 하고 있습니다. 국정원의 업무는 단독플레이가 아니고 모든 국가의 안보기관과 연동되어서 유기적으로 작동합니다. 국가안보 활동에서 국정원은 어떤 경우에도 빠질 수가 없습니다.

국정원의 직무범위를 해외정보와 대공수사에 한정하는 것으로 주장하는 검사님께 질문을 드려보겠습니다. 국정원이 동원되어 실시하고 있는 남북교섭 업무가 있습니다. 남북교섭 업무는 따지고 보면 외교 업무입니다. 동시에 국가 전체의 안보와 관련이 있습니다. 그래서 국정원이 개입한 것입니다. 한 예를 들면 소말리아 해적 소탕 작전이 있었습니다. 그 소탕 작전의 배경은 국정원에서 소말리아 해적들 간의 통신을 잡았습니다. 그것을 해군과 연락해서 진압작전에 성공한 것입니다. 그때 돈을 많이 썼습니다. 그게 정보나 수사에 한정되게 국정원의 직무를 좁게 해석하면 그때 쓴 돈들이 모두 국고손실죄가 되지 않겠습니까?

국정원의 업무를 국정원법 제3조에 나와 있는 것에 한정해서 해석하면 안 된다고 생각합니다. 제가 청와대에 지원한 국정원장의 특별사업비는 국가안보 예비비적 성격을 가지고 있다고 생각합니다. 대통령은 국정원을 지휘합니다. 그 지휘권에는 인사나 조직 예산이 다 포함되어 있습니다. 예산과 관련된 것은 지휘할 수 없다는 규정은 어디에도 없습니다. 국정원에서 청와대에 지원하는 것은 국가적 차원에서 보면 안보활동의 일환으로 저는 봅니다."

"대북교섭에 국정원 자금이 쓰인 것과 대통령에게 매월 1억 원을 준 행위가 같은 성격이라는 건가요?"

검사가 물었다.

"그렇습니다. 소말리아 해적이나 대북교섭은 특정현안에 관해 그렇게 쓰인 것이지만 청와대에 특별사업비를 지원한다는 것은 전체적인 맥락에서는 같은 성격이라고 봅니다."

다음은 내가 신문의 허락을 얻었다. 내가 자리에서 마이크를 앞에 가까이 당긴 후 묻기 시작했다.

"박근혜 대통령이 전화를 걸어 국정원 자금을 보내라고 할 때 그 돈에 대한 대통령의 인식은 어땠나요?"

"저는 정확히 감을 잡지는 못했습니다."

"박근혜 대통령이 독대하는 자리에서 이원종 비서실장에게 매달 5000만 원씩 지원하라고 할 때 대통령의 그 돈에 대한 인식은 어떤 것 같았습니까?"

"그것도 제가 추정해서 답변하기는 곤란한 것 같습니다."

"좋습니다. 형식을 바꾸어서 물어보겠습니다. 뇌물이라 뭔가 떳떳하지 못하게 쭈뼛거렸을 거 아닙니까?"

"아닙니다. 당당하고 담백하게 말했습니다."

"국정원의 예산에 대한 지휘권이 대통령에게 있습니까?"

"저는 있다고 생각합니다."

"국정원장을 하면서 원장에게 나오는 특별사업비의 사용은 어떻습니까? 직접 가지고 실질적으로 사용했습니까? 아니면 시스템화 된 면이 있습니까?"

"사실상 시스템화 되어 있었습니다. 국정원장의 재량에 의해 실질적으로 쓴다는 것은 명분에 불과하고 실제로는 구체적으로 조각조각 쓰는 용도가 설정되어 있었습니다. 매달 고정적으로 청와대에 갔고 국정원 내부에서는 각 차장과 기조실장에게 일정액이 갔습니다. 저에게도 기조실장이 매달 일정액을 가지고 왔습니다. 기조실장에게 위임해서 관리하도록 했습니다. 대통령에게 돈을 가져다준다는 보고도 관례적으로 그렇게 해왔다는 말로 들렸고 그렇다면 그렇게 해라는 식이었습니다. 그걸 어떻게 어디에 썼다는 걸 국정원장으로 있으면서 자세히 보고를 받은 적이 없습니다. 관례적으로 이루어지는 것이라고 생각했습니다. 지휘관인 원장의 입장에서 기조실장을 신뢰했고 굉장히 훌륭한 공직자라고 생각했기 때문에 맡겼습니다."

"그런 국정원장의 특별사업비는 굉장히 고급비밀 아닌가요? 예를 들어 제3국의 인물이 김정은과 친한 사이라면 그를 매수할 때 드는 돈이 다 특별사업비에서 나올 수 있는 것 아닙니까?"

"그렇습니다."

"그렇다면 특별사업비의 사용 자체가 고급비밀이겠네요?"

"맞습니다. 오전에 증언을 한 방첩국장도 원장의 특별사업비 자체에 대해 모르지 않습니까? 제 개인적 소견으로는 이 사건은 굉장히 특수한 사건이라고 생각합니다. 특별사업비라고 하는 게 비밀을 요하는 정보예산입니다. 정보예산은 어느 나라든 존재 자체도 국가 극비 기밀입니다. 이렇게 정보예산이 노출된 경우는 전 세계에 없으리라고 생각합니다. 정보활동을 법의 잣대로 엄격하게 재면 맞지 않는 경우도 많습니다. 정보활동은 그 자체가 일반인은 이해할 수 없는 게 많습니다. 국가를 위해 매수도 하고 별의별 짓을 다 합니다. 그런 어려운 일을 하도록 디자인 된 게 정보기관인데 거기에서 하는 일을 법의 잣대로 재면 곤란하다는 생각입니다. 정보활동의 특성을 법률적 잣대로 재는 것은 신중해야 한다고 생각합니다."

"해외정보를 얻으려고 외교부에 예산을 지원하는 경우도 있죠? 정보수사 업무에 사용하지 않고 왜 외교부를 지원하느냐는 지적을 받을 수도 있지 않나요?"

"이론적으로 맞습니다만 그 사례에 대해서는 제가 말하지 않겠습니다."

"국방부에 예산을 지원해서 북한정보를 얻을 수도 있는 것 아닌가요? 국정원의 정보수사 업무에 쓰지 않고 왜 국방부에 예산을 지원했느냐는 지적을 받을 수도 있는 것 아닌가요?"

"그렇습니다."

"남북의 정보전을 어떻게 이끄셨습니까? 기밀이면 재판부의 이해를 돕기 위해 총론만 말씀하셔도 됩니다."

"헌법은 자유민주적 기본질서에 입각해서 통일을 이룬다고 했습니다. 그 헌법가치를 구현하는 데 군(軍)이 있고 정보기관이 있습니다. 군은 전쟁방지를 위한 현상유지가 임무입니다. 저는 평화통일의 여건은 정보기관이 해야 한다고 생각했고 치열한 정보전을 벌였습니다. 물 밑에서 이루어지는 정보전을 국민들은 모릅니다."

"기조실장은 청와대에 돈을 가져다 줄 때마다 국정원장에게 보고를 하면서 여러 얘기를 했다고 검찰에서 진술했는데 어떻습니까?"

"저는 특별사업비의 일반적인 배분에 대해 기조실장에게 전부 위임했습니다. 저는 기소된 내용같이 그 자금이 청와대에 지원되는 일 년 사 개월간 그와 관련해서 기조실장과 대화한 건 단 1분도 안된다고 생각합니다. 저는 기조실장이 '가방 주러 갔습니다', '갔다 왔습니다' 그 보고 이외에는 지시를 한 바도 없고 보고를 받은 바도 없습니다. 정례적으로 그 돈을 청와대에 가져다주는 것에 대해 솔직히 전혀 관심이 없었습니다. 시스템화 된 관행으로 기조실장이 행정적으로 처리하는 것이라는 인식이었습니다."

"K스포츠나 미르재단 사건이 터져 청와대 지원이 중단됐는데 당시 기조실장이 미리 보고하고 상의하지 않았나요?"

"그러지 않았습니다. 기조실장이 와서 '청와대에서 중단한다고 합니다'라고 해서 '그러면 그렇게 합시다'라고 했습니다."

"그런 중요한 사실은 기조실장이 먼저 국정원장에게 와서 보고를 하고 결심을 받아야 하는 사항 아닌가요?"

"글쎄요, 저는 기본자세가 청와대에서 요청이 오면 주고, 요청을 안 하면 안 주고 그런 자세였습니다."

"검찰은 대통령에게 국정원장이 준 돈을 뇌물이라고 보는데 어떠십니까?"

"대한민국이 얼마나 엉터리 나라면 국정원장이 세금을 횡령해서 대통령에게 주느냐고 제가 한탄한 적이 있습니다."

"검찰의 주장은 대통령이 보내라고 해도 국정원장은 그 돈이 어떻게 쓰일지 알아야 하고 그 돈이 함부로 쓰이지 않도록 방지하는 노력을 하고 그 돈의 사용에 대한 소명이 필요하다고 하는데 왜 그렇게 하지 않으셨습니까?"

"우리나라 정치문화 속에서 안보공동체의 수장(首長)인 대통령과 국정원과의 관계에서 대통령이 어떻게 쓴다는 걸 알아본다, 따진다는 불가능하다고 생각합니다. 그런 논리는 초현실적이라고 생각합니다."

"안보공동체라는 개념은 뭡니까?"

"원래 안보공동체라는 것은 미국에서 사용되는 표현입니다. 국가안보는 어느 부서가 단독으로 하지 않습니다. 모든 부서가 하나의 커뮤니티를 이룬다는 개념입니다. 대통령을 중심으로 국정원, 국방부, 안보실 이런 것들이 전부 안보공동체라고 할 수 있습니다."

"그러면 국정원 예산이 대통령에게 갈 수 있는 거 아닙니까?"

"저는 그런 시각을 가지고 있습니다. 이 사안은 대통령의 지시에 의해서 일어난 것입니다. 국정원을 어떻게 활용하느냐 하는 것은 대통령의 판단 영역입니다. 박근혜 대통령은 국정원에 자금요청을 하겠다는 판단을 해서 한 것입니다."

"검찰은 특별사업비의 실질적 사용에 대한 권한이 있기 때문에 국정원장을 회계 관계 직원으로 보았습니다. 또 정보수사에 준하는 업무에 사용해야 하는 특별사업비를 청와대에 보낸 것은 특별사업비의 남용으로 보았습니다. 그리고 빈번히 그런 일이 있었더라도 관행은 아니라고 하고 있습니다. 그에 대해 어떤 입장입니까?"

"저는 국정원장으로서 회계 행위를 한 번도 한 일이 없습니다. 국장들이 와서 저에게 회계에 관한 보고도 한 적이 없습니다. 회계는 전문성과 일관성을 가져야 하는데 저는 회계에 대해서는 전혀 모릅니다. 그런 저를 법에서는 왜 회계 관계 직원으로 간주하고 처벌하는지 이해할 수 없습니다. 청와대에 가는 돈이 남용이라고 하는 데에 대해서도 저는 동의하지 않습니다. 국정원의 업무는 국가안보 전체 영역에 영향을 끼칩니다. 국정원이 빠지면 되지 않습니다."

"그 말씀은 법적 잣대로는 정보와 수사업무에 한정해서 돈을 쓰게 되어 있는데 국정원장의 소신으로는 국정수행을 위해 그 돈을 사용하실 수 있다는 말씀입니까?"

"제가 가지고 있는 인식은 그렇습니다. 대통령의 행위는 국정수행이고 안보와 관련이 있습니다. 그렇다면 대통령이 국정원에 자금을 요청하는 것은 공적(公的)인 것입니다. 대통령의 지휘권에 기인한 것입니다."

나의 신문이 끝나고 검사가 묻기 시작했다.

"말씀하시는 취지를 보면 국정원이 다른 기관과는 다른 특별한 위치에 있다고 들리는데 어떤가요?"

"국정원법 2조에 나와 있듯이 대통령 소속의 직속기구이며 대통령의 지시와 감독을 받게 되어 있다는 의미입니다. 원래 정보기관은 어느 나라나 다 국가원수를 위해 존재합니다. 국정원의 존재 이유는 대통령을 보좌하기 위해, 대통령의 안보책무를 수행하는 데 보좌하기 위해 존재하는 조직이라고 해도 과언이 아닙니다. 그런 의미에서 말씀드리는 겁니다."

"조금 전에 대통령의 지시에 거부하거나 용도를 물어본다는 것은 초현실적인 일이다 불가능한 일이다라고 하셨는데 그렇게 말하는 이유가 무엇인가요?"

"너무 자명한 것 아닙니까? 제왕적 대통령제라고 하는 정치문화 자체가 당연한 것 아닙니까?"

"왜 당연한지 말씀해 주시기 바랍니다."

"이런 정치문화 안에서 국정원장이 어떻게 대통령의 지시에 대해 그건 왜 그러냐고 따질 수 있을까요?"

"거부하거나 어떤 용도로 쓰느냐고 물으면 어떤 일이 발생하나요?"

"검찰총장이 지시하는 걸 검사님이 일일이 따질 수 있는 것인지 잘 모르겠습니다. 어쨌든 우리 공무원 사회에서는 그렇게 하기 힘들다는 게 제 생각입니다."

"대한민국은 법치국가인데 법 위에 기관이나 개인이 있을 수 있다고 보십니까?"

"그거야 있을 수 없다고 봅니다. 그러나 정보기관이나 정보활동의 특성은 고려해야 한다는 취지입니다. 국정원은 활동하는 데 법을 준수하면서 합니다. 예를 들어 감청을 할 경우 반드시 영장을 받습니다. 그러나 약간 다른 경우가 있습니다. 국정원이 정보활동을 위해 NGO에 돈을 주고 여건을 마련하는 경우가 있습니다. 법의 잣대로 왜 거기에 돈을 주느냐면서 국고손실이라고 따질 수도 있습니다. 그런 문제들입니다."

다음은 김대휘 변호사가 물었다.

"국정원 직원의 행동수칙은 법보다는 대통령에 대한 로열티, 충성이 더 우선 아닙니까?"

"그건 아니죠."

"법원, 검찰과 같이 법의 지배를 엄격히 하는 기관과의 차이가 있느냐 하는 것입니다."

"국정원도 법을 지킵니다. 법을 지켜야 하구요. 법보다 충성이 먼저다 하는 말에는 동의하지 않습니다. 국정원은 국가안보의 활동을 하는 것입니다. 남이 알아주든 알아주지 않든 그 소명을 하면 됩니다."

"만약 대통령이 위법한 지시, 예를 들어 누구를 손 좀 봐줘라 하면 거부할 수 있습니까?"

"불법적인 일이 확실하다면 예를 들어 누구를 납치해 오라고 하면 그것은 완전히 거부해야죠."

"그 이전의 정권에서는 그렇지 않았는데 불법이 명백하면 거부할 수 있는 건가요?"

"그렇죠. 불법이 명백하면 거부해야죠."

"거부할 수 있는 사람은 아예 국정원장으로 임명도 안 되는 것 아닙니까?"

"저는 박근혜 대통령과는 아무런 정치적인 인연이 없었습니다. 저한테는 로열티 그게 아니었습니다."

20 :

박근혜 증인신청

이병호에 대한 오랜 신문이 계속되고 있는 중이었다. 대통령 비서실장을 했던 이원종 피고인이 혁대를 잡고 발을 동동 구르고 있었다. 오줌이 몹시 마려운 얼굴이었다. 갑자기 내 옆에 있던 김대휘 변호사가 손을 번쩍 들었다. 발언권을 달라는 행동이었다.

"무슨 하실 말이 있습니까?"

"갑자기 오줌이 마려우면 그때마다 재판장님의 허락을 받아야 합니까? 아니면 잠시 갔다 와도 됩니까?"

두 시간이 훨씬 넘게 계속되는 법정에서 모두 소변을 보고 싶은 모양이다. 재판장이 잠시 생각하더니 이렇게 말했다.

"이 사건은 형량이 무거워 필요적 변호 사건입니다. 변호인 없이 심리의 진행이 불가능합니다. 재판장으로서는 그런 원칙론적 얘기밖에 말씀드릴 수 없군요."

"재판장님은 아주 오줌통이 크신 모양이군요."

방청석에서 웃음이 터져 나왔다.

"그러면 십 분간 휴정하겠습니다."

재판장이 말했다. 피고인 자리에 있던 이원종 비서실장이 법정 문을 박차고 번개같이 달려 나가는 모습이 보였다.

화장실에서 이원종 비서실장, 김대휘 변호사 그리고 내가 나란히 서서 소변을 보고 있었다. 세상은 변하고 변하는 것 같았다. 김대휘 변호사는 예전에 내가 국회의원 김홍신을 변호할 때 그 재판장이었다. 당시 고소인은 현직 대통령인 김대중 개인이었다. 김홍신 의원이 연설장에서 김대중 대통령의 입을 공업용 미싱으로 박아야 한다고 말한 것으로 알려진 것이 사건의 발단이었다. 나는 현직 대통령을 증인으로 신청했다. 당시 김대휘 재판장은 난색을 표명했었다. 그가 이제 변호사로서 나란히 법정에 앉아 있는 것이다. 내가 그에게 말했다.

"이 사건도 박근혜 대통령을 증인으로 신청해야 하지 않을까요? 국고 손실죄인가 아닌가를 판단하려면 박근혜 대통령이 국정원 돈을 어떻게 썼느냐가 핵심인데 왜 증인으로 신청하지 않았나 몰라요."

"박근혜 대통령이 법정출석을 거부하고 있는 판인데 나오겠어요? 그리고 재판부가 증인으로 채택하지 않을 겁니다."

옆에 있던 다른 변호사들도 전부 마찬가지 의견이었다.

개정(開廷)시간이 되자 재판장과 배석판사가 들어와 앉고 다시 재판이 시작됐다. 내가 자리에서 일어나 말했다.

"박근혜 전 대통령을 증인으로 신청하겠습니다."

변호사들의 시선이 일제히 내게 모아졌다. 재판장이 복잡한 표정으로 잠시 뭔가 생각하는 것 같았다.

"입증 취지가 뭡니까?"

"지금 국정원장의 국고손실죄가 심리되고 있는 법정입니다. 박근혜 대통령이 국정원에서 받은 돈을 어떻게 썼느냐가 핵심입니다. 본인이 어떻게 썼는지 명확한 말을 들어야 할 것 아닙니까?"

"증인신청이 실효성이 있을까요? 이 법원의 다른 재판부에서도 박근혜 전 대통령에 대한 증인신청이 있었습니다. 박근혜 전 대통령은 어느 재판부에도 나오지 않았습니다."

"그래도 핵심증인인 박근혜 전 대통령의 증언 없이 재판이 종결된다는 것은 적절하지 않다고 생각합니다. 저는 변호사로서 일단 증인을 신청할 권리가 있기 때문에 증인을 신청하겠습니다. 그걸 채택하고 안하고는 재판부가 해야 할 일일 것입니다. 그리고 나오고 안 나오고는 박근혜 전 대통령의 양식이 결정할 문제라고 생각합니다."

"재판부로서는 심리기간이 얼마 남지 않았는데 박근혜 증인 때문에 재판이 계속 공전되는 건 바람직하지 않다고 생각합니다만…."

보나마나 박근혜 전 대통령은 법정에 나오지 않을 건데 웬만하면 증인신청을 하지 말라는 뜻이 담겨 있었다. 순간 어떤 생각이 떠올랐다.

"변호사인 제가 박근혜 증인의 진술을 어떤 방법을 쓰든지 이끌어 내겠습니다. 제가 알아서 하겠다니까요. 구인신청을 해서 재판을 끌지는 않을 겁니다. 증인채택을 결정만 해 주십시오."

주위에서 호기심의 눈길이 내게로 왔다. 재판장도 내가 박근혜 대통령과 연락을 주고받을 수 있는 사이로 생각하는 것 같은 표정이었다.

"변호사님이 박근혜 전 대통령이 진술하게 할 수 있다고 하니까 재판부에서는 증인으로 결정하겠습니다. 사실 이 재판에서는 박근혜 대통령의 증언이 필요하다는 생각입니다. 그런데 일심부터 지금까지 전혀 증인신청이 되어 있지 않습니다. 검찰 측이 원래 입증해야 할 사항인데 검찰측 어떻습니까? 검찰 측도 증인 신청하는 것으로 하시죠?"

재판장이 검사석을 내려다보며 말했다.

"그러면 우리 검찰 측도 증인신청을 하는 것으로 하겠습니다."

21 :

박근혜의 성격

박근혜 전 대통령은 재판을 거부하면서 입을 닫고 있었다.

언론보도를 보면 동생이나 가족의 면회조차 거절하는 사람이었다. 대통령을 하면서도 관저에 칩거하면서 사람들을 만나지 않았다. 나는 재판을 위해 단단하게 잠가 둔 그의 마음의 빗장을 어느 정도는 열어야 했다. 그녀와 인연도 없고 만난 적도 없었다. 그녀에 대해 몇 사람의 얘기를 들은 적이 있었다. 그녀가 국회의원 시절 대한변협의 상임이사였던 나는 변호사회에서 여는 포럼에 초청할 생각을 했던 적이 있었다. 그녀의 동생 박지만 씨의 부인에게 부탁했다. 부탁을 받은 박지만 씨의 부인은 자기가 말해도 박근혜 씨는 절대 듣지 않을 분이라고 했다. 초청을 하려면 공문서로 만들어 보내시는 게 좋을 것 같다고 권했다. 박근혜는 자기 나름의 철칙을 담벼으로 쌓고 그 안에 있는 사람 같았다.

박근혜 전 대통령이 삼성동의 사저에서 혼자 지내던 시절이 있었다. 그 시절 이따금씩 테니스를 함께 쳤다는 친구가 있었다. 그 친구는 박근혜 대통령이 청와대로 간 이후에는 연락 한 번 없더라고 했다. 사적인 인연을 단호히 끊고 철저히 공인이 되려고 한 것 같았다. 박근혜 정권에서 장관을 했던 친구가 있었다. 그가 국무회의를 갔다 온 얘기를 이렇게 했다.

"국무회의라고 갔는데 정말 딱딱한 분위기더라구. 박근혜 대통령은 원고를 학생같이 읽고 장관들은 모두들 앞에서 수첩을 펼쳐놓고 대통령의 말을 받아쓰고 있었어. 나는 정말 이상했지. 회의가 끝나면 대통령이 말한 게 바로 프린트 되어 나오는데 왜 그걸 받아쓰느냐 말이야? 그래서 나는 쓰지 않고 그냥 있다가 어느 순간 박근혜 대통령과 눈이 마주쳤어. 레이저 광선을 쏘는 듯한 눈길인데 숨이 막혀서 어쩔 줄을 모르겠더라구.

그래도 배짱 좋은 한 장관이 있었지. 그 양반이 국무회의석상에서 '이게 회의입니까?'라고 한마디 했어. 박근혜 대통령이 그에 대해 덕담을 하면서 풀어줄 만도 한데 말 한 마디 없는 거야. 얼마나 분위기가 어색해졌겠어? 그 얼마 후 나와 그 말을 한 장관이 짤렸지 뭐."

그가 장관을 그만두고 박근혜 대통령이 불러 마지막 독대(獨對)를 하는 자리였다고 했다. 헤어지는 마당에 격려하기 위해서 부른 거라는 생각으로 그가 대통령의 방으로 들어설 때였다. 대통령 책상 옆의 회의탁자 대통령 석에 앉은 채로 박근혜 대통령이 차가운 눈길을 그에게 보내고 있었다.

일어서서 따뜻한 눈길을 보내리라고 생각했던 그는 순간 머쓱했다. 장관을 했어도 개인적으로 박근혜 대통령을 만난 적이 없었다. 대통령은 모든 지시를 비서를 통해서 했다. 그가 탁자 한구석에 앉았다. 박근혜 대통령은 아무 말이 없었다. 그는 먼저 인사말을 했다. 몇 분이 지나도 박근혜 대통령은 아무런 말이 없었다. 팔짱을 끼고 그를 차갑게 지켜볼 뿐이었다. 그는 속으로 진땀이 나는 것 같았다. 도대체 박근혜 대통령이 자기를 왜 불렀을까 의문이었다.

십 분이 지나자 그는 바늘방석에 앉아 있는 것 같았다. 마음대로 대통령의 방을 나갈 수도 없었다. 박근혜 대통령은 쏘는 듯한 눈길로 그를 계속 바라보거나 아니면 창문 쪽으로 무심히 시선을 향할 뿐이었다. 앞에 있는 장관인 그는 사람이 아닌 것 같았다. 그는 속으로 장관이 끝나는 마당에 충언을 한마디 하고 가야 한다는 생각이 들었다. 소통이 없는 대통령이라는 소리를 많이 들었기 때문이었다.

"좀더 사람들을 많이 만나 얘기를 들으시죠."

그가 결심을 하고 말했다.

"많이 만나는데요."

박근혜 대통령의 짧은 대답이었다. 그는 더 이상 할 말이 없었다. 그게 끝이었다. 나는 구치소에 있는 국정원장을 했던 이병호 씨에게 그가 본 박근혜는 어떤 사람이었나를 물었다. 그는 이렇게 말했다.

"보시기에 박근혜는 어떤 사람입니까?"

"워낙 자폐적인 사람이에요. 그런 사람이기 때문에 지금 이 좁은 감방에서 혼자 버텨낼 수 있는지도 몰라요. 국정원장을 3년 동안 했지만 나도 몇 번 보지 못했어요."

"청와대 내의 비서실장이나 수석비서관들까지도 대통령을 거의 보지 못하고 보고할 게 있으면 이메일로 하고 그걸 총무비서관이 챙겨서 대통령의 사저로 가져다 놓았다고 하는데 그렇게 할 거면 청와대 비서관들이 무슨 의미가 있겠어요? 국정원도 그렇게 보고했나요?"

"국정원은 그렇게 하지는 않았어요. 보고서가 직접 대통령에게 가게 했지요."

박근혜 전 대통령은 편하고 좋아하는 사람들하고만 상대하는 것 같았다. 미워하는 사람은 끝도 없이 미워하는 것 같기도 했다. 유승민 의원을 그렇게 미워하는 이유를 알 수 없었다. 그 아버지 상(喪)에 화분조차 보내지 못하게 했다는 얘기가 있었다. 심지어 유승민 의원의 방에 있는 당대표인 자신의 사진을 떼어오라고 정무비서관에게 집요하게 명령을 했다고 했다.

이병기 비서실장이 자신의 이름으로 유승민 의원의 부친 장례식장으로 꽃을 보냈다는 얘기를 들었다. 그 사실을 알자 박근혜 전 대통령은 더 이상 비서실장을 부르지 않았다는 얘기도 들었다. 여당 내에서 김무성이나 유승민으로 대표되는 비박 세력을 야당보다 더 경원(敬遠)하고 미워하는 것 같았다.

나는 서점에서 박근혜 전 대통령과 한때 가까웠던 전여옥 의원이 쓴 책을 사다 보았다. 박근혜 전 대통령을 옆에서 지켜보면서 경험한 것들이 쓰여 있었다. 전여옥 씨는 박근혜는 박정희의 복사판이라고 하고 있다. 친박, 비박의 구별은 권위주의 우상숭배의 반민주적 통치라고 정의했다. 대한민국은 그녀의 아버지가 세운 나라이고 그녀는 여왕이고 나머지는 다 백성이라는 인식을 가지고 있다는 것이다. 결국 그녀는 그녀가 미워한 비박 세력에 의해 탄핵이 되고 감옥으로 간 것이다.

22:

감옥으로 보낸 글

나는 감옥에 있는 박근혜에게 편지를 쓰기로 마음먹었다. 일주일에 1000통씩 편지가 들어간다는 소리가 들렸다. 보지 않을 확률도 컸다. 그는 동생들의 면회도 거부하고 있었다. 유일하게 뜻을 보낼 수 있는 방법은 글밖에 없었다. 나는 하얀 모니터를 앞에 놓고 영혼이 시키는 대로 키보드를 치기 시작했다.

존경하는 박근혜 님께

먼저 국민의 한 사람으로서 진정한 위로의 말씀을 전합니다. 좁은 감옥 안에서 우는 마음, 허탈에 빠진 마음, 어둠에 잠긴 마음일 것이라고 짐작을 합니다. 그 마음에 빛이 비치기를 기도합니다.

저는 지난 30년간을 도심의 뒷골목에서 작은 법률사무소를 운영하면서 평범한 시민으로 살아온 엄상익 변호사입니다. 박근혜 님과 비슷한 육십대 중반의 나이로 가난한 나라에서 태어나 지금은 부자가 된 나라에서 안정된 일상을 누리는 노년을 보내고 있습니다. 이런 배경에는 박정희 대통령의 지도력과 헌신이 있다는 점을 잊지 않고 감사하는 사람입니다.

지금 박근혜 님의 고통에 절망에 공감하며 어떤 말도 위로가 될 수 없다고 생각합니다. 힘드신 상황을 알지만 편지를 보내게 된 사연을 먼저 말씀드려야 할 것 같습니다.

저는 전 국정원장 이병호 씨의 변호를 맡고 있습니다. 이병호 씨는 저의 아파트 이웃집으로 또 같은 교회를 다니던 교우(敎友)로 소박하게 살던 분이었습니다. 저는 퇴직금을 사기당한 그의 소송을 대리해 준 적이 있습니다. 당시 그는 변호비도 지급할 능력이 없었습니다. 제 사무실 앞에서 하늘을 향해 망연한 시선을 던지던 그의 뒷모습은 세상을 힘겨워하고 있는 것 같았습니다. 그런 그가 칠십대 중반에 갑자기 국정원장이 됐다는 소식을 듣고 그것은 그의 인생에서 무슨 의미일까 생각해 보기도 했었습니다. 일본작가 소노 아야코 여사는 늙어가는 법을 가르치는 책에서 육십이 넘으면 관직을 맡지 말아야 한다고 가르치고 있기 때문입니다. 육군사관학교를 졸업한 그는 평생 정보기관에서 근무한 전문가였습니다. 그의 임명은 국정원을 순수한 정보기관으로 다시 탄생시키기 위한 박근혜 대통령의 선한 의지로 저는 생각했습니다.

오랫동안 이병호 씨를 지켜보았습니다. 그는 정치적 야심도 물질적 탐욕이 없는 사람이었습니다. 국정원장을 마친 그가 가진 전 재산은 소박한 연립주택 한 채와 통장에 든 약간의 현금이었습니다. 그게 노부부가 가진 전부였습니다. 그는 국정원장으로서 남은 특활비도 전부 반납하고 나온 청렴한 성품입니다. 그런 이병호 씨가 지금 국정원 특수활동비를 횡령해서 박근혜 대통령에게 뇌물로 바친 국고손실범이 되어 감옥에 있습니다. 박근혜 대통령과 이병호 국정원장이 공범이라는 것입니다. 이병호 씨뿐만 아니라 법정에는 박근혜 정권의 다른 국정원장과 청와대 비서실장들이 함께 재판을 받고 있습니다. 시대의 격류 속에서 이 사건은 그냥 유죄 쪽으로 가고 있는 것으로 보입니다. 언론에 선동된 분노한 대중은 박근혜 전 대통령과 그 휘하의 국정원장들을 죽이라고 소리쳐댑니다.

평범한 시민 변호사인 저는 이 사건의 본질이 무엇일까 생각해 보았습니다. 박정희 대통령은 경제발전에 올인 하기 위해 중앙정보부를 창설했습니다. 대통령의 눈과 귀가 되는 순수 정보기관이라기보다는 때로는 정적을 제압하는 몽둥이를 쥔 손과 발의 역할까지 수행한 것으로 압니다. 돈도 그렇습니다. 국가정보기관 내에 돈의 저수지를 구축해 두고 그 돈이 정치권 등 여러 곳에 흘러가게 한 것입니다. 박정희 대통령이 시해된 후 전두환은 중정부장서리가 되었습니다. 세상은 그가 정보기관의 돈을 배경으로 정치권을 장악하고 당을 만들었다고 해석합니다. 정보기관의 돈이 정치판의 쌈짓돈이 되기도 하고 세월이 흐르면서 국민의 세금인 그 돈이 남용되었습니다. 박정희 대통령이 만든 정보기관은 탄생부터 그런 기형적인 구조를 가졌다고 생각합니다. 이번 정권은 그동안 관행같이 사용해 온 특활비 문제를 박근혜 정권의 적폐로 만들어 도덕성에 타격을 가한 것으로 보입니다. 아무리 적폐청산의 명분이 그럴 듯해도 한정된 몇 명만 골라 처벌하는 것이 정의인가에 의문을 가집니다. 목적이 정당해도 방법과 대상 선정에 독이 들어있기 때문입니다. 저는 정치와 무관한 개인 변호사로서 법정에서 원칙을 주장하고 있습니다. 사법부가 정치나 혁명의 도구가 되지 말고 법대로 재판을 해야 합니다. 정치권력이 시스템화한 제도에 의해 제한되는 게 법치고 그것이 민주주의의 본질입니다.

이 사건에서 이상한 점을 발견했습니다. 제기 맡은 이병호 국정원장이 국고손실죄가 되려면 박근혜 대통령이 국정원 돈을 어떻게 썼느냐가 확인되어야 합니다. 그게 불명확한데도 대통령의 국고손실을 추정하면서 일심 재판부는 이병호 전 국정원장에게 유죄를 선고했습니다.

검찰 측은 박근혜 님의 진술서 한 장을 달랑 법정에 내놓았습니다. 내용은 정말 실망스러운 것이었습니다. 비서관이 괜찮다고 해서 대통령이 그 돈을 받았다는 내용이었습니다. 저는 그 진술서를 보면서 대통령이라는 분이 그렇게밖에 쓸 수 없었던 것인지 의문이었습니다. 국정수행의 총 책임자인 대통령이 비서관에게 책임을 떠넘기는 유치한 문장이었기 때문입니다.

지금 이 사회는 이상한 최면에 걸려있는 것 같습니다. 분노한 대중이 신의 자리를 차지하고 있습니다. 그들의 난폭한 주장이 정의와 법이 되어 있습니다. 법원마저 그런 분위기에 위축되어 있습니다. 대통령이 국고를 손실했다는 증명이 없는데도 유죄판결이 선고된 것은 그런 배경에서 나온 소신 없는 결론이라고 저는 생각합니다. 이 사건의 핵심은 간단합니다. 박근혜 대통령이 국정원 돈을 어떻게 인식했고 어디에다 어떻게 썼느냐입니다. 박근혜 전 대통령의 그 한 마디에 국정원장들과 청와대 비서실장들의 운명이 달려있습니다. 그러나 박근혜 님의 그런 진술이 지금까지 기록의 어디에도 없습니다. 재판정의 판사나 검사 그리고 변호사들까지 박근혜 님은 말을 할 리가 없다는 선입견을 가지고 있습니다.

변호사인 저는 매주 팔십 노인으로 정신마저 혼미해져 가는 이병호 씨를 감옥에서 봅니다. 이병호 전 국정원장은 남과 북 사이 정보전쟁의 마지막 사령관으로 김정은으로부터 죽음을 통고받은 인물이기도 합니다. 그는 북에서는 죽여야 할 남측의 테러리스트가 되어 있고 남에서는 대통령에게 뇌물을 상납한 파렴치범이 되어 있는 상황입니다. 노인인 그는 감옥 안에서 곧 죽을지도 모른다는 느낌이 듭니다. 박근혜 님께서는 정년퇴직을 하고 평화롭게 살던 그를 왜 국정원장으로 임명하셨습니까?

죄인을 만들고 죽게 하려고 그러지는 않으셨겠죠. 제가 보기에는 나이든 다른 국정원장들이나 비서실장들의 모습도 비슷해 보입니다. 백발의 노인인 이원종 비서실장은 젊은 판사들 앞에서의 장시간 재판에 오줌이 마려워 피고인석에서 발을 동동 구르기도 합니다.

이 사건 재판은 법이 아니고 정치라는 생각입니다. 저는 이병호 전 국정원장에게 당신은 촛불혁명의 제단에 바쳐진 제물인 것 같다고 직접 말해주었습니다. 법의 밥을 먹은 지 40년이 됩니다. 법의 해석은 정치상황에 따라 교활할 정도로 변하는 걸 봤습니다.

박정희 대통령 시절 권력에 굴복한 사법부의 정치재판이 많았습니다. 전두환 정권에서도 대법원장이 되고 싶어 정치권력과 야합한 대법관을 보기도 했습니다. 그리고 훗날 그 대법관이 한강다리에서 떨어져 인생을 마감하는 모습을 보기도 했습니다. 광주에서 벌어진 시위대가 폭도에서 시위군중으로, 또다시 나중에는 민주주의를 지키기 위한 헌법기관으로 변하는 법해석도 보았습니다. 시위가 전두환 정권에서는 내란으로 노태우 정권에서는 민주화 운동으로 변하는 사법부의 이중성도 보았습니다.

저의 시각에서는 박근혜 님의 정권도 검찰권력과 법을 이용하기는 마찬가지였습니다. 3년 전 자유총연맹회장에 출마한 전직 경찰청장이 있었습니다. 청와대의 현직 비서관과 경합이 됐습니다. 선거 전날 검찰의 압수수색이 있었고 그는 구속이 됐습니다. 변호하러 간 저에게 담당 검사가 뭐라고 말한지 아십니까? 검사인 그가 하는 건 '정무'지 '수사'가 아니라는 겁니다. 매일 저녁 상황을 청와대에 보고하고 그 지침을 받는다고 그 검사는 변호인인 제게 솔직하게 털어놓았습니다. 평범한 서민 변호사인 저는 분노했습니다. 청와대 민정수석의 잘못은 곧 박근혜 님의 책임이었습니다. 저는 그 사실을 몇 차례 칼럼을 통해 고발하기도 했습니다.

또 다른 일도 있었습니다. 박근혜 님의 정권 초에 KBS재단의 비리를 따지고 있었습니다. 당시 저는 박근혜 대통령께 직접 진정을 하려고 마음먹었습니다. 그러다 이상한 소리를 듣고 포기했습니다. 유력 일간지의 기자가 박근혜 대통령에게 호소하려면 문고리를 잡은 비서관에게 돈을 주어야 한다는 것이었습니다. 그리고 일이 되면 성공보수도 주어야 한다는 것이었습니다. 믿기 힘들었습니다. 그러나 서민 변호사인 저에게 대통령은 깊은 궁궐 속에 들어있는 여왕 같은 존재였습니다.

이 사건 수사기록을 통해 비서관들의 행태를 일부 보았습니다. 비서관 중에는 사업가에게서 법인카드를 받아 사용한 사람도 있습니다. 고위 공무원 중에는 문고리 비서관을 만날 때마다 돈을 준 사람도 있었습니다. 박근혜 님을 오랫동안 수행한 비서관들의 모습이었습니다. 그걸 보면서 제가 들었던 소문이 허황된 것만은 아닐 수도 있다고 짐작했습니다. 어떻게 생각하시는지요. 당시 저는 박근혜 님도 역시 검찰 권력을 이용했다고 생각합니다.

권력은 법을 이용해서 정치보복을 하기도 하고 미운 사람을 누르기도 합니다. 박근혜 님은 힘없는 사람들이 교만한 법에 의해 어떤 고통을 당하는지 아시는지요? 변호사를 하면서 억울하게 살인범으로 만들어지는 걸인을 보기도 했습니다. 박정희 대통령 시절 고문을 당하고 죽어서 야산에 묻혀버린 사람도 보았습니다. 사법의 제단에 올려진 것은 박근혜 님이 처음이고 혼자만이 아니라는 것을 말씀드리고 싶습니다. 세상은 그래왔습니다. 다만 필요한 것은 소크라테스의 독배나 예수님의 십자가 같이 역사 앞에 남는 것이라는 생각입니다.

뒷골목 개인 변호사인 저는 시대의 격류나 정치적 힘에 맞설 능력은 없습니다. 그러나 벌거벗은 임금님이라는 동화에 나오는 소년 같이 진실을 말하려고 애는 씁니다. 저는 박근혜 대통령이 돈에 있어서는 치사하지 않은 사람이라고 추측하고 있습니다. 나랏돈을 개인을 위해 착복할 분이 아니라고 확신하고 있습니다. 그렇기 때문에 제가 변호를 맡고 있는 이병호 전 국정원장도 국고를 손실했다고 생각하지는 않습니다. 그래서 박근혜 님의 이런 한마디가 법정에서 꼭 필요합니다.

"나는 돈에 대한 탐욕으로 공과 사를 구별 못하는 그런 사람이 아닙니다. 대한민국을 위해 국정수행은 했어도 국고를 손실하게 한 적은 없습니다."

그런데 이 쉬운 한마디가 없습니다. 박근혜 님 본인에 대한 재판을 거부하는 것은 자유일 것입니다. 그러나 대통령에게 충성하고 대한민국을 위해 목숨을 걸었던 이병호 전 국정원장에 대한 재판은 별개라는 생각입니다. 박근혜 님은 침묵을 지켜서는 안 됩니다. 그 침묵이나 증언 거부는 거짓을 진실로 만들어 주고 있습니다. 그리고 다른 국정원장과 비서실장들도 죽이고 있습니다. 왜 무의미한 동반자살을 원하시는 겁니까?

박근혜 님은 절대 증언을 하지 않을 것이라고 재판장은 말합니다. 변호사로서는 입증이 가장 중요합니다. 차선책으로 문고리 삼인방의 대표인 비서관을 신문했습니다. 저는 마음속으로 그가 "박근혜 대통령은 돈에 대해 그런 치사한 인간이 아닙니다. 올곧은 분입니다. 지금 절망 속에서 엄청나게 아파하고 있어요, 도와주세요"라고 한 마디만 해주면 충분하다고 생각했습니다. 그러나 현실은 실망스러웠습니다.

저는 박근혜 님의 심복이던 비서관에게 대통령이 개인 계좌에서 인출한 월급을 어디에 썼느냐고 물었습니다. 대통령이 사적으로 필요한 비용을 공금이 아닌 자신의 월급으로 사용한 사실을 입증하고 싶어서였습니다. 오랜 세월을 함께 해 온 수행비서를 통해 대통령의 인간성을 세상에 알리고 싶었습니다. 그러나 몽둥이를 본 개처럼 그는 겁을 먹고 입을 다물었습니다. 나머지 비서관 두 사람은 증언을 거부했습니다. 비서관들 모두 배경에 겁먹고 말 못할 사유를 짐작합니다. 그러나 수많은 선거를 함께 거치면서 이십 년 세월의 주종관계가 이런 것인지 박근혜 님께 되묻고 싶습니다.

저는 법정에서 역대 국정원장들이나 청와대 비서실장의 절실한 표정도 읽었습니다. 그들은 박근혜 님이 "저는 국고를 손실하지 않았습니다. 제 밑에서 수고하던 국정원장들이 보낸 돈은 뇌물이 아닙니다. 모두가 제 책임입니다"라고 한마디 해 주기를 원하고 있었습니다. 그러나 관료주의에 길들여진 그들은 감히 그런 요구를 못하고 있는 것 같아 보입니다. 변호사인 저는 박근혜 님이 법정에 나와 진실을 말할 의무가 있다고 생각합니다. 진실이 거짓으로, 거짓이 진실이 되는 세상입니다. 침묵은 거짓을 진실로 만들기도 합니다. 왜 한마디를 그렇게 아끼십니까. 그 한마디만 있으면 감옥에서 죽어가고 있는 노인 이병호가 살아날 수 있습니다.

핵심 증인은 박근혜 님입니다. 그러나 일심부터 항소심이 마쳐지는 지금까지 누구도 박근혜 님을 증인으로 신청한 사실이 없습니다. 알맹이를 일부러 빠뜨린 듯한 재판입니다. 저는 뒤늦지만 박근혜 님을 증인으로 정식으로 신청했습니다. 그에 대한 재판장의 말은 이랬습니다.

"이 법원의 다른 재판부에서도 박근혜가 증인으로 채택되었는데 안 나왔어요. 실효성이 없을 걸요."

옆에 앉았던 변호사는 저에게 귓속말로 "박근혜 증인을 재판부에서 채택할 리가 없어요"라고 했습니다. 저는 오랜 세월 법정을 드나들면서 이런 경험을 종종 했습니다. 변호사는 진실을 알고 있는 사람에 대해 증인 신청하는 게 의무이자 권리라고 생각합니다. 그걸 받아들이고 아니고는 판사의 책임입니다. 결정적인 증인을 거부하고 왜곡된 판결을 만든 법관이 있다면 그가 그 불법에 대해 책임을 져야 할 것입니다. 법정에 나와 진실을 말할 의무는 증인에게 있습니다. 그걸 회피해서 억울한 희생이 나오게 된다면 그건 증인의 양심이 담당해야 할 몫이라고 생각합니다.

재판장은 저의 고집을 받아들여 박근혜 님을 증인으로 채택했습니다. 검찰도 체면을 의식했는지 이제야 공동증인으로 신청한다는 의사를 피력했습니다. 변호사가 신청을 하는데 입증책임을 진 검찰이 가만히 있을 수는 없었던 겁니다. 그렇게 해서 2018년 10월19일 오후 2시 증인신문 일정이 잡혔습니다. 촉박한 일정입니다.

변호사인 저는 박근혜 님이 법정에 나와 주실 것을 정중하게 말씀드립니다. 이건 부탁이 아닙니다. 박근혜 님은 대통령으로서 대한민국의 헌법과 안보에 대해 무한책임을 지던 분입니다. 법정에 나와서 진실을 말하셔야 합니다. 박근혜 님께 충성하고 대한민국을 위해 김정은과 목숨을 걸고 싸운 이병호를 살리기 위해서 나오셔야 합니다.

박근혜 님 자신을 위해서도 이런 상황에서 자신의 철학과 의지를 분명히 남겨두어야 한다고 생각합니다. 제 경험 하나를 말씀드리겠습니다. 박정희 대통령이 돌아가신 1979년 무렵 저는 법무장교로 서울지역의 군사법원에 근무하고 있었습니다. 김대중 전 대통령이 내란죄로 군사법원에 끌려와 재판을 받고 있었습니다. 내란죄로 꾸민 정치적 모략이었습니다. 재판관들은 모두 허수아비였고 권력의 실세가 뒷방에서 그들을 원격 조종하고 있었습니다. 모니터로 법정을 보면서 마네킹 같은 재판관들에게 수시로 쪽지를 보내 지시하는 걸 저는 목격했습니다. 재판은 껍데기에 불과했습니다.

저는 김대중이라는 분이 군 검사가 작성한 조서의 끝에 쓴 글을 보고 놀랐습니다. 조서의 끝에 군 검사가 "마지막으로 할 말은 없나요?"라고 한 형식적인 질문에 예언 같은 말들을 또박또박한 글씨로 남겨놓은 걸 봤습니다. 저의 희미한 기억이지만 김대중 전 대통령이 쓴 내용은 이렇습니다.

'지금의 시대는 인정받지 못하겠지만 이십 년이 흐르고 삼십 년이 흐른 후 민주화가 오면 군사법원의 음침한 사무실에서 했던 나의 말들은 새로운 의미로 빛이 날 것입니다.'

김대중 전 대통령은 쓰레기 같은 모략조서라도 한 자 한 자 오탈자까지 직접 확인하고 자신의 손도장을 찍어두는 걸 보았습니다. 그때 느꼈던 마음속의 울림이 육십대 중반이 넘은 지금도 저의 가슴 속에서 파문으로 남아 있습니다. 수사나 법정에서의 말이나 글은 판사들만 보라고 있는 것이 아닙니다. 관대하게 봐달라는 비굴한 호소도 아닙니다. 역사 앞에 영원히 살아있는 생생한 목소리입니다. 일제시대 악질 검사들이 독립 운동가를 조사한 수사기록은 지금 국립중앙도서관에 귀중한 자료로 남아있습니다. 당시 변호인들의 변론서는 역사적 유물이기도 합니다. 사람이 남긴 말이 세월이 흐르면 가장 귀한 보석이 됩니다. 5·16 혁명재판소에서 징역형을 선고받은 신현확 장관도 가족이 오게 하여 자신의 말을 철저히 기록으로 남겼습니다. 정치재판에서 눈을 감고 귀를 막은 재판장이라 할지라도 시간이 흐르면 역사 앞에서 더 큰 죄인이 되는 걸 저는 보았습니다.

저는 검찰에서 증거로 제출한 자료 하나를 봤습니다. 2017년 4월8일 한웅재 검사가 박근혜 전 대통령을 조사하면서 작성한 조서입니다. 대부분의 질문에 대해 박근혜 전 대통령은 몰랐다거나 기억이 없다고 대답하고 있습니다. 어떤 질문에 대해서는 "그렇게 말했을 수도 있다"라는 애매한 표현을 합니다. 검사는 박근혜 전 대통령이 현금을 최순실에게 주어 의상비로 지급했다는 진술을 조서에 기록하고 있습니다. 그 현금이 대통령의 월급을 인출한 것인지 국정원의 공금을 사용한 것인지가 불분명합니다. 검찰은 이재만 비서관한테서 국정원에서 올라온 돈을 현찰로 대통령의 서재에 가져다 놓곤 했다는 진술을 확보해서 법정에 제출했습니다. 검찰의 조서는 박근혜 대통령이 국민의 세금으로 옷이나 해 입는 부패한 인물로 만든 것 같아 보이기도 합니다.

조서의 끝부분에 검사가 "마지막으로 할 말이 없나요?"라고 묻자 박근혜 님은 "없습니다"라고 간단하게 자필로 기재한 부분이 보였습니다. 정말 할 말이 없으셨습니까? 시대의 광풍이 불었습니다. 여성 대통령에 대한 더러운 소문이 황사처럼 세상을 덮었습니다. 그 소문은 시민들을 거리로 뛰쳐나오게 만들었습니다. 정말 할 말이 없으셨습니까? 누군가 신하가 대신 해줄 것 같습니까? 너희들과는 대화를 안 해, 라는 신분이 다르다는 생각을 가지고 계신 건 아닙니까? 저는 이해할 수가 없습니다.

박근혜 님을 증인으로 신청한 저는 변호사로서 신문할 권리가 있고 박근혜 님은 출석해서 답변할 공적인 의무가 있습니다. 저는 변호사로서 내가 맡은 한 노인의 누명을 벗겨줄 소명이 있고 박근혜 님은 자신의 부하를 지켜줄 지도자로서의 의무가 있습니다. 증언에 응해 주셔야 합니다. 저는 박근혜 님께 진실과 정의가 무엇인지를 물을 것입니다.

힘든 분에게 너무 말이 많았습니다. 마지막으로 저에 대해 조금 말씀을 드리는 게 좋을 것 같습니다. 가난한 집 아들이었던 저는 칠십년대 초 고교 시절 교련복을 입고 학생중대를 이끌고 학교 부근이었던 청와대 앞을 지나곤 했습니다. 청와대의 아치식 철문의 흰 창살 안쪽으로 파란 잔디가 보이곤 했습니다. 궁궐 같은 그 안에는 공주님이 살겠구나 상상하곤 했습니다. 그게 당시 여고에 다니던 박근혜 님이었을 겁니다. 대학 초년 시절 육영수 여사가 불행을 맞이하셨습니다. 고지식하고 가난한 시민이었던 어머니는 국모가 돌아가셨다면서 청와대 앞으로 가서 대성통곡을 하셨습니다. 박정희 대통령이 저 세상으로 가셨을 때도 어머니는 역시 마찬가지였습니다. 어머니에게 박정희 대통령은 임금님이셨고 박근혜 님은 신분이 다른 공주님이었습니다. 박근혜 님이 대통령으로 된 이면에는 우리 어머니 같은 분들의 뒷받침이 많았다고 생각합니다.

6·25 전쟁 중 폐허에서 태어난 저는 판자집들이 굴 껍질 같이 붙은 낙산 아래 살면서 미국에서 건너온 헌 옷과 옥수수가루로 만든 빵을 얻어먹고 자란 세대입니다. 대학 졸업까지도 저의 숟가락은 미군 야전병원에서 쓰던 것이었습니다. 방글라데시의 소년들을 소개한 영화는 세계에서 가장 가난한 나라에서 자라던 나의 모습이었습니다.

세월 저쪽의 비 오는 날 까만 교복을 입은 까까머리 소년이 교실 창가에서 '마이카' 시대가 온다는 선생님의 말을 듣고 경악했던 기억이 떠오릅니다. 당시로서 저는 상상할 수 없었습니다. 세월의 강물이 흐르고 대한민국은 부자나라가 됐습니다. 잘살아 보자면서 국민들을 한마음으로 묶어 번영을 이룬 박정희 대통령의 공입니다. 수많은 국민들과 함께 저는 감사하고 있습니다.

서민의 아들인 저는 고시라는 관문을 통과해 변호사 자격을 얻었습니다. 저는 작은 법률사무소를 차리고 영화 속 주인공 빠삐용 같이 절망 속에 빠진 사람을 다섯 명 정도 자유의 땅으로 인도하는 뱃사공이 됐으면 좋겠다고 소망했습니다. 변호사를 천직으로 알고 예순다섯 살인 지금까지 세월을 흘러왔습니다. 금년에 나의 생업을 그만두기로 예정했었고 마지막 손님이 이병호 전 국정원장이라고 생각하고 있습니다. 그게 소시민인 저의 일생이었습니다. 저는 정치권력을 바란 적도 없고 부자가 되기를 꿈꾸지도 않았습니다. 서민의 아들로 타고난 작은 그릇대로 운명에

순응하고 주어진 직업에 충실하려고 노력해 왔다고 생각합니다. 그러다가 비슷한 나이인 박근혜 님이 궁금해졌습니다.

박근혜 님은 왜 정치에 발을 들여놓으셨습니까? 어떤 나라를 만들고 싶었습니까? 저는 박근혜 님에게 훌륭한 아버지가 남겨준 정신적 유산과 미처 다 못 이룬 청사진이 존재할 것이라고 생각했었습니다. 박정희 대통령이 남긴 그 청사진 속에는 국민 한 사람 한 사람이 억울한 눈물을 흘리지 않게 하는 따뜻한 민주주의가 있을 것이라고 소망했습니다. 시대조류가 강하게 소용돌이 치고 그 속에서 박근혜 님은 지금 시대의 악으로까지 매도당하고 있습니다. 저는 시대의 책임이 한 사람의 지도자나 한 계급에 있다고 생각하는 사람은 아닙니다. 박근혜 님은 어떤 대한민국을 만들고 싶었습니까? 이제 글을 마치도록 하겠습니다.

만약 몸이 아프시거나 다른 사정이 있으셔서 도저히 증언을 할 수 없으시다면 간단한 진술서를 보내 주십시오. 그 몇 자를 쓰실 기운은 있을 것으로 봅니다. 기일이 촉박합니다. 거창한 정치적 수사보다는 진실이 담긴 작은 한마디가 정의를 이룰 수 있다고 저는 믿습니다. 박근혜 님이 이 시대의 불시험을 통과하시기를 기원합니다. 이 캄캄한 밤을 지새우는 인내를 가지셨으면 합니다. 그래야 푸른 새벽의 여명을 보실 수 있을 것으로 믿기 때문입니다. 감사합니다.

2018년 10월
변호사 엄상익

23:

정말 몰랐어요

2018년 11월22일. 가을에서 겨울로 옮겨가는 스산한 계절이다. 오후 3시30분의 온기 없는 태양이 서울구치소 마당에 빛을 던지고 있었다. 장방형의 넓은 마당 양쪽에 나무 두 그루가 마주보고 우뚝 서 있다. 겨울을 준비하는 잎이 다 떨어진 굵은 가지만 남아있는 나무다. 그중 한 나무가 내려다보는 담 뒤에 여성 죄수들이 수감되어 있는 사동의 끝이 보였다. 그 무덤 속 같은 조용한 방에 박근혜 전 대통령이 벽을 보고 앉아 있을 것 같았다. 20여 년 전 구치소를 드나들 때만 해도 여성들이 수용되어 있는 사동의 창살에는 알록달록한 깃발이 걸려있듯 여죄수들의 빨래가 바람에 흔들리고 있었다. 담 밑으로 줄을 지어 걷는 것으로 운동하는 모습들도 보이곤 했다.

지금까지 눈에 잔상으로 남아있는 한 장면이 있었다. 아이를 데리고 들어온 여죄수가 있었다. 운동시간에 아이는 죄수인 엄마의 뒤를 따라

가고 있는 모습이었다. 내가 보아왔던 구치소의 모습이었다. 일주일 전 이병호 전 국정원장의 부인을 만났었다. 부인은 나이 팔십이 된 남편이 이제 오년 정도 살면 인생을 마감할 것 같다고 했다. 바로 위의 형이 치매에 걸렸다는 얘기도 들었다. 가족의 병력(病歷)이 그런 것 같았다. 감옥에 있는 이병호 전 국정원장의 남은 날도 그렇게 길지는 않을지도 모른다는 생각이 들었다. 나는 그에게 믿음을 권했다. 절망에 빠져있을 때 인간은 종교 이외에는 그 영혼이 탈출할 방법이 없었다.

변호인 접견실이 있는 사동의 2층으로 갔다. 8호 유리방에 이병호 전 국정원장이 와서 기다리고 있었다. 두툼한 갈색의 겨울 수의를 바꾸어 입고 있었다.

"어떻게 지내세요?"

내가 안부부터 물었다.

"엄 변호사가 권한 대로 시편 23편을 천 번 썼어요. 쓰니까 상념이 없어지더라구요. 정말 좋은 방법을 알려줬어요. 고마워요. 그리고 성경을 요한계시록까지 다 읽었어요. 그리고 요즈음은 렘브란트 목사가 쓴 책이나 토마스 아 켐피스가 쓴 기독교 서적들을 읽고 있습니다."

그가 안정을 찾아가는 것 같았다. 환란은 하나님한테로 방향을 돌리게 하는 채찍인 것 같다.

"만약 석방이 되신다면 앞으로 5년 정도 뭘 하고 싶으세요?"

그 부인의 말을 속으로 떠올리면서 물었다. 한 인생이 마지막에 하고 싶은 일이 무엇일지 알고 싶기도 했다.

"나간다면 진지하게 성경을 읽고 깊게 공부하고 싶어요. 지금까지 세상일에 바빠서 진리에 대해서는 건성이었던 것 같아요. 미국에 있는 아들을 보고 싶고 나머지 인생은 가족과 함께 즐거운 시간을 보내고 친구들을 만나 밥 먹는 일이죠."

인간이 누리는 행복은 평범한 일상에 있다는 걸 그를 통해 재확인한다.

"이번 주는 청와대 정무비서관의 증언녹취록을 다시 한번 정밀하게 읽었어요."

내가 말했다.

"어떤 진술들이 있었죠?"

그가 되물었다. 호기심의 눈빛이었다.

"2016년 20대 총선에서 박근혜 대통령이 야당보다는 여당 내의 유승민 같은 비박 세력을 더 싫어하는 것 같았어요. 여당 내부의 싸움 때문에 패배한 거죠. 박근혜 대통령이 미워한 비박 세력이 야당과 합쳐 탄핵과 구속에 찬성했으니까 결국 박근혜 대통령은 자기 무덤을 판 거 아닌가 모르겠어요. 예전 같으면 대통령이 정보기관을 개입시켜서 반대파에게 별 짓을 다 했을 텐데 증언 녹취록을 보면 국정원이 대통령의 개가 되어 정치개입은 하지 않은 것 같더라구요. 만약 국정원이 정치관여를 했다면 혁명같은 이런 시대적 상황에서 폭로가 나오지 않을 리가 없죠. 국정원을 정치에 관여하지 않게 틀어쥔 것만 해도 이병호 원장님은 보이지 않는 큰 일을 한 겁니다."

"나는 국정원이 정말 정치에 개입하지 못하도록 했어요. 정보기관이 그런 일 아니더라도 하려고 하면 할 일이 너무 많아요. 사실 이병기 비서실장이 정치경험도 있고 균형 감각이 있는 사람이에요. 대통령한테 바른 소리도 많이 하는 사람입니다. 비서실장이 군대로 치면 참모장인데 비서실장이 수석들을 총괄하면서 조율해야 하는데 박근혜 대통령은 그렇게 하게 하지를 않았죠."

"박근혜 대통령이 국정원을 정치에 이용하려고는 하지 않았나요?"

"정치 관련 지시를 박근혜 대통령으로부터 받은 바 없어요. 부임해 보니까 정책에 관해 여론조사를 하는 예산도 책정되어 있어요. 그런데 저는 철저히 금지시켰어요. 정책에 관한 여론조사를 해도 정치와 관련성을 의심받을 수 있었죠. 그래서 못하게 했어요. 기조실장이 내게 알리고 여당 여론조사 비용을 지원했다고 해서 내가 정치관여죄로 기소가 됐는데 사실 보고받은 적이 없어요. 만약에 그런 낌새를 내가 알아차렸다면 단돈 일 원도 지원하지 않았을 거예요. 이런 내 속마음을 누가 알아주겠어요?"

"국정원장에게 배정된 특수사업비는 어떻게 관리했습니까?"

나는 사건의 본질로 다시 돌아갔다.

"그건 회계책임자인 기조실장이 맡아서 처리하고 저한테는 한 달에 일정액씩 줬어요."

"그러면 나머지 특수사업비는 어떻게 사용됐습니까?"

"기조실장으로부터 관례적으로 매월 세 명의 차장과 기조실장에게 일정액씩 가도록 시스템화 되어 있다고 들었어요. 솔직히 말하면 돈이 얼마나 나왔고 어디에 얼마나 쓰였는지 구체적으로 보고를 받은 적이 없어요. 내 입장에서는 기조실장이 행정적으로 알아서 잘 처리하겠지 하고 믿었지 의심을 해 본 적이 없어요. 기조실장이 관례적으로 매달 대통령에게 돈을 가져다주었다는 보고를 받고 그렇다면 그렇게 하라고 했죠. 법정에서 기조실장 담당 변호사는 청와대에 돈을 가져다 줄 때마다 기조실장이 원장인 저에게 보고한 후 지시를 받았다고 하는데 솔직히 말해서 그런 보고를 받았는지 기억도 나지 않아요.

나는 돈에 대해서는 관심이 없었어요. 기조실장이 하는 행정 처리의 일환으로 생각한 거죠. 어쩌다 들어와서 보고를 해도 그러냐 하고 건성으로 대답을 한 정도겠죠. 제 기억에는 없단 말이에요. 기조실장이 보고했다고 진술을 하니까 그랬나? 하는 게 저의 마음입니다. 검찰은 내가 새누리당 여론 조사비를 가져다주라고 했다고 그걸 정치관여로 기소를 했는데 진짜 그런 적은 없어요. 기조실장하고 나하고 둘만 있는 사이에서 벌어진 일인데 기조실장이 그렇다고 하니까 내가 몰려버린 거죠."

"청와대에 돈을 가져다 줬다는 건 정확한가요?"

"부하 말대로 믿을 수밖에요. 그렇다고 대통령한테 그 돈 받으셨냐고 확인할 수도 없구요."

"기조실장은 기밀을 이유로 진술을 거부해야 하는 거 아닙니까?"

"당연히 그래야죠. 그런데 어떤 약점이 잡혀 국정원의 비밀 시스템을 전부 불었다는 얘기가 있어요."

24:

박근혜의 답장

박근혜 전 대통령이 재판부로 진술서 형식의 답장을 보냈다. 그 내용은 이랬다.

1. 국정원 특활비를 지원받게 된 경위에 대하여

가. 국정원 특활비를 지원받게 된 경위 및 2016. 9.경 이병호 국정원장으로부터 2억 원을 받아 사용한 사실에 대하여는 이 사건에 대한 저의 1심 재판부에 진술서를 제출하여 소명한 바 있지만 아래와 같이 보충하여 말씀드리겠습니다.

나. 저는 2013. 3.4.경 대통령으로 취임한 후 "국정원에서 청와대에 지원하는 예산이 있으며 전임 정부에서도 이를 지원받아 업무에 사용하였다"라는 보고를 받고, "이를 지원받아 업무에 활용하라"는 지시를 한 사실이 있습니다. 다만, 저는 이러한 국정원의 예산 지원을 받는 과정에서

청와대 비서관이나 국정원장 등 관계자들 누구로부터 이러한 예산을 지원받는 것이 불법이라는 보고를 받은 사실이 없으며, 국정원장들이 이러한 예산지원이 불법이라는 사실을 알면서도 이를 지원하였다고는 생각하지 않습니다.

다. 남재준 원장은 저의 지시를 비서관으로부터 전달받아 예산을 지원한 것이고, 이병기 원장과 이병호 원장은 이를 인계받아 지원한 것으로 알고 있습니다. 이분들은 대통령이 개인적으로 이를 사용하기 위해 자신들에게 예산 지원을 요청한 것이라고는 생각하지도, 생각할 수도 없었을 것이라고 생각합니다.

라. 저는 정치에 입문하여 국회의원과 대통령으로 재직하는 동안 단한 번도 부정한 목적의 돈을 받아서 이를 사적인 용도로 사용한 사실이 없습니다. 이러한 저의 평소의 신조와 성정을 누구보다도 잘 알고 있는 국정원장들이 부정한 목적을 갖고 국정원의 예산을 저에게 지원할 수는 없다고 생각합니다.

2. 국정원 예산의 개인적 유용 문제에 대하여

가. 이미 말씀드린 바와 같이 국정원 예산이 지원된 후 그 구체적인 사용내역에 대하여는 알지 못합니다. 다만, 위 예산들이 공적인 업무수행에 필요한 내용으로 집행됐다고 믿고 있습니다.

나. 검찰은 제가 국정원 예산으로 저의 개인적인 옷값이나 의료비용, 사저 관리비용 등을 지출하였다고 주장하나 이는 전혀 사실이 아닙니다. 옷값과 의료비는 제가 개인적으로 지불하였으며 사저 관리비 또한 제가

사용할 수 있는 예산에서 집행되는 것으로 알고 있었습니다.

　다. 저는 국정원 예산을 열악한 청와대 예산 속에서 격무에 시달리는 청와대 직원들을 위한 목적이건 국민들에게 소상하게 밝힐 수 없는 청와대의 특수활동을 위한 목적으로 사용되는 것으로 알았기에 이를 지원받아 사용하라고 지시를 하였던 것이지 기껏 제 옷값이나 내려고 지원받은 것이 아님을 다시 한 번 분명히 밝힙니다.

3. 이병호 원장 등에 대한 선처 호소

　가. 국정원장 특활비와 관련되어 책임을 묻는다면 이를 지원받아 업무에 사용하라고 지시한 저에게 모든 책임이 있습니다. 특히 이병호 국정원장은 고령의 나이에도 불구하고 저와 국가의 부름을 거절하지 않고 국정원장이라는 어려운 직책을 맡아서 훌륭하게 임무를 수행해 낸 분입니다. 평생 군인으로 또 국정원장으로 근무하면서 비난받을 만한 개인적인 비리를 저지른 적이 단 한 번도 없는 청렴결백한 분으로 알고 있습니다.

　나. 저의 지시를 전달받아 국정원 예산을 지원한 국정원장들은 자신들이 지원한 예산이 사적인 용도로 사용되고 국고에 손실을 끼치는 불법행위라는 것에 대한 어떠한 인식도 없었을 것입니다.

　재판장님께서 이러한 사정을 혜량하시어 국정원장들과 이 사건에 관련된 분들께 억울함이 없도록 살펴주시기를 부탁드립니다.

2018. 10. 17.

진술인 박근혜

서울고등법원 제3형사부 귀중

찍힌 무인은 본인의 무인임을 증명함

서울구치소 입회교감 김영옥

25:

검은 시스템

이미 사실상의 재판은 끝이 난 것 같았다. 나는 다시 한 번 신중하게 생각을 정리하고 있었다. 이 사건은 혁명적 상황 속에서 역사의 전환점에 위치하고 있는 사건이었다. 시대정신이 요구하는 상황과 신구(新舊)권력이 부딪쳐 박근혜로 상징되는 한 세력이 무너져 내리는 과정이었다. 나는 개인 변호사지만 좀더 객관적인 시각으로 이 사건을 정리해 볼 필요가 있었다. 지난 수십 년 동안 국가정보기관 속에 예산을 숨기고 그 돈을 여러 부처에서 은밀히 사용해 왔다. 수많은 법조인 출신이 정보기관의 책임자로 있었어도 청와대에 가는 돈에 대한 법적 검토나 근거를 마련했던 적은 없었다. 죄의식 없이 그 돈을 청와대를 비롯해서 정치권과 각 부처가 사용해 왔다.

그런 검은 시스템을 양지로 끌어올려 수사의 대상으로 만든 것은 촛불혁명으로 세워진 정권의 혁신적인 조치였다. 다만 그 적폐의 원인으로 박근혜 전 대통령과 그 정권의 세 명의 국정원장만 법의 제단 위에 올린 건 어떤 의미일까 하는 의문이었다. 이병호 전 국정원장이 법정에서 누가 국정원장 자리에 앉았어도 마찬가지였을 것이라고 했다. 시스템의 문제라는 얘기였다.

나는 과거 특활비의 사용에 대해 직접 경험자들로부터 들었다. 총리 보좌관을 지냈던 인사는 이렇게 얘기했다.

"어느 날 국정원의 기조실장이 돈을 가지고 총리를 뵈러 왔더라구요. 국정원 기조실장은 직접 총리에게 필요한 데 쓰시라면서 돈 봉투를 놓고 갔습니다. 저희는 그 돈으로 총리실에 모자라는 비용을 충당했습니다. 당시 저희는 정부부처에서 공식적으로 예산으로 책정하기 힘든 비용들은 정보기관 예산에 은닉해 사용하는 것으로 알고 있었습니다."

박근혜 정권의 한 장관은 이렇게 인식하고 있었다.

"장관이 비공식적으로 써야 할 돈들이 있어요. 저는 그런 돈들은 모두 국정원 예산에 편성해 두었다가 가져다 쓰는 걸로 인식하고 있었죠. 청와대 역시 공식적인 예산은 아주 박합니다. 국민이나 언론을 의식해서 여유 있게 책정할 수가 없어요. 그래서 청와대가 필요한 돈을 국정원 금고에 맡겨 두었다가 찾아 쓰는 그런 개념으로 생각했죠. 수십 년 전부터 관행같이 그렇게 사용되어 왔어요. 특활비 문제는 그런 시스템의 문제지 사용한 사람들의 개인적 비리 문제는 아니라고 생각합니다."

특활비는 중앙정보부가 창설된 이래 검은 돈으로 사용된 면이 있었다. 막대한 특활비를 가지고 국회의원을 매수하고 정치를 농단하는 적폐의 본산이기도 했다. 검찰총장이 법무장관에게 돈을 주고 법원행정처장이 대법원장에게 돈을 주었다. 장관들이 그 돈을 다시 국회의원들에게 돌렸다. 오랫동안의 관행은 죄의식을 마비시켰다. 특활비의 청산은 촛불혁명의 현실적 열매이자 금권정치를 막기 위한 파격적인 제도개혁일 수 있었다.

26:

특수활동비의 법(法) 해석

 법원은 정보기관의 돈뿐만 아니라 정부와 국회, 대법원장, 법원행정처장, 대법관, 법원행정처 간부들이 받는 돈을 국가재정법상의 특수활동비라고 해석했다. 특수활동비의 의미와 사용기준에 대해 기재부의 예산안 작성 세부지침은 이렇게 정의하고 있었다.

 '특수활동비는 기밀유지가 요구되는 정보 및 사건수사, 이에 준하는 국정수행 활동 등에 직접 소요되는 경비를 의미하는 것으로 사건수사, 정보수집, 각종 조사활동 등을 위해 타 비목으로는 원활한 업무수행이 곤란한 예외적인 경우에 한하여 최소한의 범위 내에서 편성하여야 할 뿐 아니라 특수활동비는 특수활동 실제 수행자에게 필요시기에 따라 지급하여야 하는 등 특수활동비의 사용은 해당기관의 목적 범위 내에서 엄격하게 사용하여야 한다.'

 그것이 유일한 법적인 근거였다. 이 지침에 따라 법원은 국정원장이 사용하는 돈을 국정원의 직무를 수행하기 위한 목적 범위 내에서 사용되어야 하고 그 사용목적을 국정원의 직무범위 내로 한정된 금원(金員)이라고 판단했다. 이런 특수활동비를 대법원장은 물론 대법관도 받아왔다. 대법원에 지급되는 특수활동비 역시 '기밀유지가 요구되는 사건수사, 정보수집, 기타 이에 준하는 국정활동'을 수행하는 데 쓰도록 기재부의 예산처리 지침에 규정되어 있다. 대법원장과 대법관들은 정보나 수사업무를 하지 않았다. 또한 독립해서 재판을 하는 기관으로 정보나 수사에 준하는 국정활동을 한다는 것도 돈을 받은 데 대한 해명으로는 맞지 않았다. 대법원장과 대법관 그리고 법원행정처장 등은 특수활동비를 어떤 의식을 가지고 어디에 썼는지 의문이 제기되고 있었다. 시민단체인 참여연대는 "대법원장이나 대법관, 법원행정처 관계자들이 정보나 수사업무를 수행한다고 볼 수 없다"며 "특활비를 직원 격려금이나 회식, 접대비용으로 쓴 것이 아닌지 의심스럽다"고 공개적인 질의를 했다.

이에 대해 대법원은 "법관 및 법원 직원에 대한 윤리감사, 각급법원에 대한 직무감찰이나 사무감사 등과 같이 밀행성이 요구되는 활동이 있어 특활비가 필요하다"라고 해명했다. 법원 내부의 직무감찰이나 사무감사가 과연 특수활동비의 사용목적에 적합한 것으로 해석이 될 수 있을까. 상고법원의 로비에 그 돈이 사용되었다고 의심하고 검찰수사가 좁혀져 가고 있는 상황이기도 했다. 그렇게 되면 앞으로 대법원장 이하 대법관들도 국고손실죄로 재판을 받고 구속될 수 있었다. 특수활동비의 해석에 대해 법원은 자충수를 두고 있는 것 같았다. 그 돈을 쓴 모든 사람을 잡아넣을 수 있는 지나친 확장 해석이라는 생각이었다.

27 :

정보기관

정보기관에 대해 일단 나름대로의 정의를 내려 볼 때가 됐다. 촛불혁명 정권이 들어서고 일단 국정원은 외형적으로나 내면적으로 치명적인 타격을 입고 쓰러졌다고 봐야 하지 않을까 하는 생각이었다. 정보요원으로 자존심을 가지려면 그들은 기밀사항에 대해 끝까지 침묵하고 경우에 따라서는 죽음으로 대응해야 했다. 그러나 그런 요원이 거의 없는 것 같았다.

기록을 읽다가 대조되는 두 사람의 모습을 보았다. 그중 한 사람은 박근혜 대통령의 옆에 있던 하급 경호원이고 다른 한 사람은 차관급이고 국가의 큰 기밀을 알고 있는 국정원 기조실장이었다. 검찰은 박근혜 전 대통령이 불러 청와대에 들어온 주사 아줌마, 기 치료 아주머니, 왕십리 원장님에 대해 그들을 안내한 경호원에게 집요하게 추궁했다. 경호원은 끝까지 입을 다물었다. 기록을 읽어보면 악의적인 소문이나 언론의 보도는 사실이 아닌 게 많았다. 박근혜 대통령은 국회의원 시절 알고 지내던 지압사나 간호사가 더 편했다. 그래서 아플 때면 그들을 불러 지압도 하고 링거주사도 맞았다. 얘기해도 될 그런 사유도 경호원은 교과서적으로 입을 다물었다.

국정원 기조실장은 평생을 정보기관에서 보낸 베테랑 정보맨이었다. 국가 최고급의 기밀을 취급하는 인물로 그걸 무덤까지 가지고 들어가야 할 의무가 있는 사람이었다. 그런 사람이 정보기관의 깊숙한 곳에 있는 기밀들을 거의 다 털어놓았다. 그는 자기가 평생 헌신해 오던 정보기관이라는 성벽을 헐어버린 것이다.

정권 차원에서 정보기관의 대대적인 개혁이 되어가고 있었다. 젊은 시절 담 높던 안전기획부 담 안쪽을 구경한 적이 있다. 정보기관의 책임자였던 안기부장은 그 조직 안에서 소위 엘리트라는 사람들을 차출해 '실무기획단'이라는 걸 조직했었다. 그 실무기획단이 정보기관의 개혁할 점을 조사해 보고하라는 것이었다. 조직의 장단점을 살펴보았다. 통치권자로서는 정말 필요하고 편리한 기관이겠다, 라는 생각이 들었다. 권력을 유지하는 데 필요한 모든 정보를 가져다주는 곳이었다. 못마땅한 반대자들을 제압하는 몽둥이가 되어주는 기관이었다. 양치기의 개 노릇을 하는 기관이었다. 통치 권력을 배경으로 해서 그 조직은 법 위에 있는 기관이었다. 국회의원이나 검사를 데려다 지하실에 가두고 때려주는 기관이기도 했다. 선거에 직접 개입해 특정인을 당선시키거나 낙선시키거나 하는 공작을 주도하기도 했다.

그 조직은 두 부류의 사람들로 구성되어 있었다. 최고의 상부층은 대통령이 직접 임명하는 권력의 심복들이었다. 대통령의 최측근이 정보기관의 장(長)이 됐다. 그곳에 숨겨진 통제받지 않는 돈을 담당하는 기조실장은 대통령의 금고지기였다. 국내정보와 수사를 담당하는 차장은 대통령에게 올리는 온갖 정보를 담당하고 국내정치에 관여했다. 해외담당 차장은 대통령의 옆에서 잠시 머무르는 사람이 앉았다 다시 날아가는 나뭇가지 역할을 하는 자리로 나는 생각했다. 그들에 의해 정보기관은 움직여졌다. 그들은 정보전문가가 아니라 대통령에게 충성하는 존재들이었다. 그들은 그 다음에 얻을 높은 자리가 더 소중한 사람들이었다. 그리고 자신들이 영화(榮華)를 누리는 정권이 계속되는 게 지상목표였다. 그 무엇이든 권력유지를 위한 시각에서 해석하는 것 같았다.

또 다른 부류는 정보조직에 붙박이로 평생 근무하는 사람들이었다. 그들은 음지에서 일한다는 정보기관의 원칙이 뼈까지 스며있었다. 그림자 같은 존재들이었다. 이웃에 심지어 자식에게까지 아버지의 직장과 하는 일 모두를 비밀로 하게 했다. 대부분 외부활동을 할 때 가명을 썼다. 그리고 위장된 직장에 다니는 것으로 거짓말을 했다. 권력의 화신이 된 기관의 조직원이지만 그들에게는 어두운 그림자가 있었다. 마치 범죄인처럼 당당하지 못한 면이었다. 수많은 사람과 만나 얘기를 했었다. 한 지방조직의 정보관은 내게 이렇게 고민을 털어놓았다.

"국내정보를 수집하러 나갔을 때 한겨레신문 기자에게 걸릴까봐 도망다니고 숨기에 바쁠 때가 있어요. 그럴 때면 회의가 들어요. 대학을 졸업하고 당당하게 시험을 봐서 들어왔는데 왜 떳떳하지 못하고 죄인 같은 의식이 드는지 모르겠어요. 좀더 당당하게 됐으면 좋겠어요. 정보관으로서 당당하게 자기 업무를 하고 자식한테까지 자랑할 수 있는 그런 직업 인으로 말이죠."

학원사찰을 하는 한 정보관은 이런 고백을 하기도 했다.

"대학을 나가 조정관으로 있다는 게 매일 매일 배신을 하는 직업 같아 요. 낮에 나가 후배들하고 어울리고 저녁에 사무실로 돌아와 첩보보고 서를 쓰는 행위 자체는 후배나 친한 사람들을 배신하는 행위거든요. 괴 로운 일이죠. 당당하게 대북정보나 북한에 대한 분석이라면 얼마나 자랑 스럽겠어요?"

그곳에서 젊은 시절을 다 보낸 한 국장은 이런 말을 했다.

"정치정보를 수집하게 된 동기는 우리가 하고 싶어서 하는 게 아니에 요. 우리는 그냥 멸치잡이 어망(漁網)으로 일을 하는 어부라고 비교하면 됩니다. 어느 날 멸치 망에 덩치 큰 고기가 잡힌 거예요. 그런데 선주(船 主)가 그걸 보고 좋아하면서 다음부터는 멸치보다 그런 큰 고기만 잡아 오라고 다그치는 겁니다. 그래서 정치나 경제 등 사회 분야에 대한 정보 를 수집하게 되는 거죠. 원래 우리가 좋아서 하는 게 아니었어요. 권력자 들이 선주인 셈인데 그들이 요구하지 말아야 우리가 국내정치에 관여하 지 않고 정보를 수집할 필요도 없게 됩니다."

정부조직법상의 당당한 국가기관이면서도 그곳 직원들의 의식은 분열 되어 있었다. 권력기관의 완장을 차고 군림하고 싶어 했다. 동시에 세상 의 따가운 눈총과 원망의 눈길을 피해 그림자처럼 지냈다. 그런 속에서 정보기관 역사상 최초로 그곳에서 자란 이병호라는 인물이 국정원장이 된 것이다. 그의 행보는 어떤 것이었을까.

28:

국정원장 이병호

이병호 국정원장은 김종필 중앙정보부장부터 시작해서 34명에 이르는 역대 정보기관장들과는 성격이 다른 비정치적 인물이었다. 그는 군(軍)에서 영어교관으로 있다가 중앙정보부로 차출된 이후 40년을 해외분야 정보전문가로 외길을 걸어왔다. 오십대 정년퇴직을 할 당시 그가 가진 재산은 집 한 채와 퇴직금이 전부였다. 그 퇴직금조차 사기를 당한 후 변호사인 나를 찾아와 사정했었다.

해외공관에서 많이 지낸 그는 미국의 CIA나 이스라엘의 모사드 등 국제적인 정보기관에 대해 연구를 하고 '기드온의 스파이' 등의 번역서를 낸 학구적인 성격을 가지고 있기도 했다. 그는 기형아로 태어난 대한민국 정보기관이 어떻게 변해야 하는지 정년퇴직 후에도 18년 동안 많은 칼럼과 글을 통해 발표해 왔다. 그는 정보기관의 정치관여를 누구보다 혐오했다. 철새처럼 권력에 따라 날아온 정보기관장들이 조직을 정치로 오염

시키는 걸 오랜 세월 목격했다. 그가 대한민국의 정보기관장이 됐었다는 사실 자체가 미스터리였다. 그는 국회 인사청문회에서 이런 말을 했다.

"국정원의 정치개입은 정보기관을 망치는 길입니다. 국정원이 망가지면 국가안보가 흔들립니다."

그가 국정원장 취임시 국정원 요원들에게 이렇게 당부했다.

"국정원은 권력기관 자리에서 내려와야 합니다. 선진국 어느 나라 정보기관도 정치와 연계된 권력기관이라고 부르지 않습니다. 우리도 그래야 합니다."

박근혜 전 대통령은 그에게 좌파세력을 제압해 달라고 명령했다. 그는 국정원이 싸워야 할 대상은 북한이고 간첩이 국정원에서 검거해야 할 좌파라고 확신했다. 그는 대한민국에 그동안 반독재 투쟁을 통해 성장한 민주세력의 존재를 인정하고 있었다. 박근혜 대통령은 아이 때부터 대통령의 딸로 살고 이십대 시절 퍼스트레이디 노릇을 하면서 컸던 사람이었다. 그는 박근혜 대통령이 자유민주주의라는 게 어떤 건지 그 본질을 잘 모르는 사람이라는 생각이었다. 박근혜의 대변인을 했던 전여옥 씨는 박근혜 대통령은 여왕이라는 의식을 가지고 있다고 했다. 대한민국은 아버지가 만든 나라이고 국민은 왕인 아버지의 백성이라는 인식을 가지고 있다는 것이다. 유승민 의원이 박근혜 대통령에게 반발하면서 "대한민국은 민주공화국"이라고 했다.

대통령의 사람인 정윤회를 조사한다는 소문이 들어가자 남재준 국정원장은 자기가 잘린지도 모르고 저녁을 먹다가 나중에야 그 사실을 알기도 했다.

국정원장이 된 이병호의 시선은 북쪽을 향하고 있었다. 그 무렵은 북의 핵무기 개발로 세계가 긴장하고 남북관계가 예민하게 대치된 상황이었다. 안보분야의 사령관이던 국정원장 이병호는 활동을 개시했다. 트럼프를 대통령으로 하는 미국은 이미 세계의 경찰도 아니고 한국의 안보를 도와줄 의사도 희미했다. 그런 속에서 그는 미국과의 파격적인 정보 협력 체제의 구축으로 주한미군의 방위비 분담액 이상을 그는 대한민국의 이익으로 만들었다.

　그러나 그런 공을 발표할 수 없는 게 정보기관이었다. 그는 북(北)의 김정은 제거 공작에 관여했다. 북한의 민주화 세력을 돕는 것이 남(南)의 정보기관장의 역할이기도 했다. 북의 통일전선부에서 남한의 종북세력에게 지시하는 것과 유사한 것이다. 북의 김정은은 조선중앙통신 등 매체를 통해 이병호를 죽이겠다고 하면서 그를 북으로 넘겨달라고 요구했다. 북한에서 보낸 암살조가 그의 목숨을 끊기 위해 활동하기도 했다.

　그가 첩보전쟁을 수행하던 몇 년은 북의 핵개발로 전쟁 촉발의 분위기였다. 미국의 항공모함이 동해로 들어오고 남과 북의 정보전이 치열한 상황이었다. 그는 북한 엘리트들을 귀순시키고 김정은의 형 김정남의 암살조를 현지에서 체포하게 하기도 했다. 그는 광신도의 종교국가 성격으로 변해버린 김일성 왕조의 전제정권과 대화는 성립할 수 없다는 신념이었다. 수백만 명을 굶어 죽게 하고 김일성 교시를 외우지 못했다고 총을 쏴 죽이는 악마와의 타협은 없다고 확신하는 자유민주주의자였다.

　촛불혁명 이후 남과 북은 급격히 평화무드가 되었다. 북의 독재자 김정은을 환영하는 단체가 나타나고 있었다. 그는 이제 남쪽에서 중죄인

(重罪人)이 되었다.

　법률가가 아닌 이병호 전 국정원장은 "누가 그 자리에 앉았더라도 죄인이 되었을 것이다"라고 하며 "시스템의 문제를 놓고 어떻게 한 사람을 그렇게 죄인으로 만들 수 있습니까?"라고 했다. 그의 마음 속에 있는 법에 대한 의문이었다. 수십 년 동안 있었던 정보기관의 관행에 대한 책임이 그 한 사람에게 씌워졌기 때문에 납득할 수 없는 것이다. 그는 사실 여당 여론조사라는 것을 의식하고 자금을 준 적도 없었다. 그는 예산을 보관하는 회계 직원도 아니었고 그 돈을 횡령한 것도, 또 뇌물로 대통령에게 상납한 것도 아니었다. 그런데 그렇게 만들어져 버렸다.

29:

변론서

존경하는 재판장님께

법정에서 인내를 가지고 끝까지 들어주시는 모습을 보았습니다. 기록 속에서 와글거리는 수많은 거짓말 속에서 진실을 찾아내기란 쉽지 않을 걸로 압니다. 겸손한 자세로 법의 권위를 지키려고 노력하는 재판장님의 태도는 이 시대 사법부의 모범이 될 것 같다는 생각이 듭니다. 배석판사님께서 재판 도중에 "대통령과 국정원장은 초법적인 존재였습니까?"라는 면도날 같은 질문을 하셨습니다. 바로 그 한마디가 이 사건의 본질이라는 생각이 들었습니다.

그런 시대가 있었습니다. 이제 촛불혁명의 물결이 방파제를 넘어 법원 안에 넘치고 있습니다. 모든 혁명의 마지막은 법의 형식을 빌려 법원에서 끝이 나기 마련입니다. 어쩌면 이 법정의 판결 역시 혁명일지도 모른다는 생각입니다. 그러나 판결만은 초법적으로 나지 말았으면 하는 게 변호사인 저의 소망입니다.

　개인법률사무소를 차리고 오랜 세월 변호사 생활을 해 왔습니다. 가물가물한 기억의 저편에 있는 30년 전의 한 스산한 법정의 모습이 떠오릅니다. 민주화 투쟁을 하던 사람들이 법정에서 눈꺼풀이 덮이고 귀가 막힌 판사들을 향해 고무신을 벗어 던지는 장면입니다. 정의와 진실을 외면하는 사법부에 대한 저항이었습니다. 그냥 보면 알 수 있는 진실을 당시의 법관들은 왜 외면을 했을까요. 아마도 권력의 눈치를 봐야 하는 시대적 상황 때문이었는지도 모릅니다.

　시대가 바뀌었습니다. 당시 피고인이 되어 법정에서 정치 판사를 향해 소리치던 사람들이 지금 이 나라를 움직이는 핵심세력이 되었습니다. 사법부 역시 개혁을 추구하는 판사들로 포진이 되어 시대의 바람에 돛을 펴고 있는 것 같습니다. 적폐청산의 깃발이 휘날리면서 지난 정권의 대통령들과 국정원장들이 악(惡)의 상징이 되어 시대적 책임을 지고 법정에 섰습니다. 대중이 그들에게 돌을 던지고 법원이 그들에게 중형을 선고하면 분노한 대중은 시원한 쾌감을 느낄지도 모릅니다.

　저는 시대변화에 따라 카멜레온 같이 색깔이 변하는 사법부의 모습을 보았습니다. 전두환 정권 시절 법원은 광주에서 시위하던 시민들을 폭도라고 했습니다. 정권이 바뀌자 사법부는 그 시민들을 민주화운동을 한 의로운 분이라고 했습니다. 다시 시대가 변하자 사법부는 광주에 모였던 분들은 민주주의를 지키기 위한 헌법기관이라고 했습니다. 왜 그렇게 법의 해석이 극에서 극으로 치달았을까요? 저는 사법부가 시대의 돛이 되지 말고 닻이 됐으면 하는 희망을 가져 봅니다.

저는 이 사건의 본질을 정치라고 봅니다. 촛불혁명으로 들어선 정권은 적폐청산의 차원에서 특활비 문제를 꺼냈습니다. 국민의 혈세를 비밀예산 창고에 넣어두고 나누어 먹어왔던 데 대해 정의의 칼을 빼들었습니다. 명분만으로는 대중의 속을 후련하게 할 수 없습니다. 제단에 올릴 속죄양이 필요한 것입니다. 지난 수십 년간 국민의 혈세인 특활비를 대통령, 국정원장, 국회의원, 대법관들과 고위 공직자들이 밥도 먹고 술도 마시고 나누어 가지기도 했습니다. 그런 부패의 관행을 양지에 올렸다면 그 희생의 피가 필요한 것입니다.

검찰은 적폐의 원인으로 박근혜 전 대통령과 그 정권의 국정원장들을 법의 제단에 올렸습니다. 그런데 막상 그들에게 적용할 법이 마땅치 않았던 것 같습니다. 검찰은 국정원장들을 회계 관계 직원으로 간주해 국고손실범으로 만들고 대통령에게 그 돈이 간 것을 뇌물상납죄로 기소했습니다. 박근혜 대통령이 국정원장 관직을 돈을 받고 팔았다는 것입니다. 박근혜 전 대통령과 국정원장을 죽여도 참 더럽게 죽인다는 생각이 듭니다. 일심법원은 국정원장을 회계 실무 공무원으로 간주해 유죄판결을 선고했습니다. 예산에 실질적 영향력을 행사할 수 있다는 궁색한 논리가 판결문에서 보였습니다.

국정원은 규정에 의해 예산 및 회계업무를 기조실장에게 위임하고 각 부서는 구체적인 예산의 사용을 독자적으로 하고 있습니다. 국정원장의 특별사업비의 담당자는 회계 책임자인 기조실장과 그 아래 회계 직원입니다. '회계 관계 직원 등의 책임에 관한 법률'은 법의 이름 자체에서도 알 수 있듯이 회계실무자들의 책임을 묻기 위한 특별법입니다. 법 규정을 보면 현금출납 공무원, 계약관, 유가증권취급 공무원, 물품관리관 등 구체적인 업무와 신분을 가진 사람만을 회계 관계 직원으로 예시하고 있습니다.

그런데 엉뚱하게 국정원장이 그런 공무원이라는 것입니다. 결정적 증인인 국정원 기조실장에 대해 불법조사를 하고 그의 약점을 잡아 영혼이 없는 로봇을 만든 행위나 돈 몇 푼을 받은 비서관들을 잡아 범죄 사실을 만든 이면이 언젠가 밝혀질 것이라고 봅니다. 기록을 그냥 그대로 보아도 행간에서 그런 사실들이 보입니다. 그걸 알면서도 간과한 법관들도 언젠가 그 책임을 져야 한다고 생각합니다.

아무리 촛불혁명과 적폐청산의 명분이 사회적으로 인정을 받는다고 하더라도 법원이 국정원장을 회계 직원으로 간주해 징역형을 선고하는 것은 법의 왜곡이라는 생각이 듭니다. 그런 해석이라면 각 부처 장관들도 대법관도 검찰총장도 예산회계 공무원이 되고 찍히는 사람은 모두 감옥으로 보낼 수 있을 것입니다. 그렇게 법의 여신이 든 칼이 녹슬고 저울이 기울면 정의는 이루어지기 힘들다는 생각입니다.

여기서 잠시 법의 왜곡죄에 대해 말씀드리고 싶습니다. 독일은 법관이나 검사가 재판이나 수사 중인 사건을 처리하면서 법을 왜곡해 당사자

일방을 유리하게 또는 불리하게 만든 경우 징역형에 처하도록 형법에 규정하고 있습니다. 검사나 판사가 어떤 행위를 해도 면죄를 받는 그런 풍토가 아닙니다. 지금 우리의 국회에도 법을 왜곡한 판검사도 공소시효 없이 책임을 지우자는 형법과 형사소송법 개정안이 제출되어 있습니다.

왜 그런 법안이 올라왔을까요. 정권이 변할 때마다 권력의 개가 되거나 정치의 도구가 되는 판검사를 견제하려는 입법취지인 것 같습니다. 그냥 평범한 사람들의 눈으로 보면 진실을 바로 볼 수 있는 것을 검찰과 법원은 왜 다르게 보고 있을까요? 보통사람들에게 국정원장이 회계 실무자라고 하면 납득할까요? 또 공무원들에게 물으면 그렇게 인정할까요? 그 누구도 인정하지 않을 것입니다. 그런데 검찰과 원심법원만 그렇게 보았습니다. 그건 목적이라는 프리즘을 통해 현실을 보고 법을 왜곡했기 때문입니다.

민주주의는 권력이 제도에 의해 통제되는 사회를 말합니다. 우리는 그걸 법치주의라고 합니다. 아무리 시대정신과 대의와 명분이 있어도 방법이 졸렬하고 법을 왜곡해서는 안 될 것입니다. 그게 법률가가 지켜야 할 마지막 양심이 아닐까요.

존경하는 재판장님

국정원장이 회계 실무를 하는 공무원으로 보이십니까? 또 박근혜 전 대통령이 직원들 격려금을 준 그 돈의 근원이 뇌물이라고 생각하십니까? 정치를 혐오하고 국정원 직원들 개인까지 단속하던 이병호 원장이 정치와 관련된 여론조사 비용을 댔다고 생각하십니까? 한시적인 이 법정은 곧 끝이 납니다. 그리고 시간이 흐르면 진실은 이깁니다. 그때가 되면

이 사건을 재판했던 판사들이 오히려 법을 왜곡한 죄인이 되어 법정에 설 수 있다는 생각입니다.

MBC의 광우병 허위보도로 서울시청 앞에 100만 명 가까운 시위대가 모였을 때입니다. 청년 한 명이 "미국산 소고기를 먹어도 광우병 안 걸려요"라고 외쳤습니다. 모두들 그 청년을 욕하고 침을 뱉었습니다. 선동된 다수가 그렇다면 그런 것으로 알아야 하는 상황이었습니다. 변호사인 저는 당시 MBC 피디수첩 팀의 허위를 조사해 달라고 고소했습니다. 엄청난 증오를 담은 댓글이 날아왔습니다. '보수꼴통'이라는 탈이 얼굴에 강제로 씌워졌습니다. 판사는 허위를 진실로 바꾼 사상판결을 내렸습니다. 정치를 한 것입니다.

그러나 그 후 광우병에 걸린 국민은 없었고 진실 앞에 모두들 침묵했습니다. 박원순 서울시장 아들의 병역기피 문제로 국민들이 분노하고 있을 때입니다. 내가 아는 박 시장의 아들은 병역기피가 아니라고 확신했습니다. 대학병원에 200명의 기자들을 동원하고 그 앞에서 공개 신체검진을 하게 했습니다. 저에게 '좌빨'이라는 딱지와 함께 엄청난 비난이 쏟아졌습니다. 법원은 그 사건을 10년이 가까운 지금도 끝을 내지 않고 있습니다.

모든 사람들을 좌우로 이분법적으로 쪽을 가르는 시대적 상황에서 저의 이념을 말하라고 하면 개개인이 자유롭고 귀한 존재로서 존중받는 사회를 만드는 데 참여하고 싶다는 생각입니다. 법이 권력의 도구가 되지 않고 억울한 사람들의 눈물을 닦아주는 그런 따뜻한 법치주의를 바라는 것입니다. 이념을 통해 사실을 만들어 내지 않고 진실을 있는 그대로 보고 싶을 뿐입니다.

저는 몇 년 전 문재인 변호사와 둘이서 그의 사무실에서 개인적으로 점심을 먹으면서 얘기를 나눈 적이 있었습니다. 우리들이 앉은 탁자 위에는 김밥 한 줄과 과자가 커피 받침잔에 놓여있었습니다. 제가 장차 대통령이 될지도 모르는 그에게 물었습니다.

"어떤 나라를 만들고 싶어요? 대통령이 되면 진짜 하고 싶은 게 뭡니까? 그럴듯한 공약이나 관념적인 구호 말고 진짜 속에 들어있는 한 마디를 해 봐요."

대통령 그 자체가 되고 싶은 사람인지 아니면 다른 깊은 소명의식이 있는지 알고 싶었습니다. 그는 잠시 침묵하며 고민을 하다가 이렇게 대답했습니다.

"나는 검찰개혁과 경제민주화를 이루고 싶어요."

노무현 대통령의 죽음의 배경에 있는 검찰에 대해 한이 서려 있는 것 같았습니다. 그런 문재인 대통령은 다시 검찰을 통해 박근혜 전 대통령과 그의 국정원장들을 파렴치범으로 만들었습니다. 검찰이 정말 적폐를 청산하기 위해 칼을 뽑은 것인지 아니면 또 권력의 도구가 되어 법을 유린하는 것인지 의문입니다.

지난 30여 년간 작은 법률사무소를 혼자 해 왔습니다. 나이를 먹은 지금은 평생을 생업으로 삼던 변호사업을 접으려는 순간입니다. 그러나 나머지 인생 역시 작은 울림이더라도 바른 소리를 외쳐야 한다는 마음입니다.

이 사건 역시 단순한 직업적 차원에서 의뢰를 받고 일을 하는 입장은 아닙니다. 인생길에서 우연히 피고인 이병호와 잠시 이웃이고 같은 교인이었습니다. 정년퇴직을 하고 무기력한 노인이 된 그가 사기당한 걸 도와주면서 그의 성품을 알게 됐습니다. 30년이 넘게 세상이 욕하는 권력기관의 간부로 있었으면서 집 한 채와 퇴직금이 전부면 청빈하다고 보아야 하지 않겠습니까. 변호사 비용을 낼 능력조차 되지 않았습니다. 국정원장을 마친 지금도 그의 재산은 그 당시나 큰 차이가 없습니다. 그의 늙은 아내는 이 판결로 인해 생활의 근거인 연금이 끊어질까 걱정하고 있습니다. 제 속에 있는 어떤 존재가 감옥에 있는 이병호를 도우라고 하는 감동을 주셨습니다.

평생을 국가안보를 위해 일을 해오고 수많은 국민을 굶겨 죽인 북의 독재자와 싸운 그는 죄인이 아니라 이 사회의 숨은 영웅입니다. 다만 세상이 아직 그를 볼 눈이 없을 뿐이라는 생각입니다. 이 사건은 적폐청산을 명분으로 사법부를 이용해서 정적(政敵)을 탄압하는 정치라고 생각합니다. 정의로워야 할 법을 모략적으로 적용하고 그 정도가 왜곡까지 갔습니다. 법원은 정치적으로 부담스러운 것을 사법부에 맡기는 권력의 시녀가 되어서는 안 될 것입니다. 그런 정치를 법치로 바꾸어야 헌법에 규정된 자유민주주의의 사법부라 할 수 있을 것입니다. 현명한 판단을 구합니다.

30 :

판결

2018년 12월11일 오전 10시. 서울 고등법원 312호 법정의 분위기는 무거웠다. 방청석은 노트북을 무릎에 올려놓은 기자들로 꽉 차 있었다. 방청석의 한쪽엔 이병호 원장의 구명을 탄원한 군대 동료들이 모여 있는 게 보였다. 나는 방청석 중간쯤에 조용히 스며들듯 가서 앉았다. 옆자리에 김 변호사가 보였다. 부산지검 차장검사 출신이었다. 검사 시절 그는 이병호 국정원장 밑에서 일을 했었다. 변호사가 되어 상관이었던 국정원장을 변호하게 된 것이다. 판사들의 출입문으로 검사들이 나와 자리에 앉았다.

"왜 변호인은 변호인석에 앉지 못하게 하는지 모르겠어요."

옆에 앉은 김 변호사가 못마땅한 어조로 불평했다. 그러고 보니 변호인석이 텅 비어 있었다. 판결 선고만 듣는 상황에서는 어디에 앉아 있든지 상관은 없었다. 그러나 결심공판에서 변호인이 자신의 자리에 앉지 못하게 했다면 그건 적법한 절차는 아니었다. 법정경비가 막았는지는 알수 없었다. 잠시 후 박근혜 정권의 국정원장과 비서실장들이 차례로 나와서 무거운 표정으로 피고인석에 앉았다. 구치소에서 깎은 짧은 머리의 뒤통수들이 보였다. 그중 유독 백발 사이에 누런 머리가 보이는 머리가 있었다. 불구속으로 기소된 이원종 비서실장의 뒷모습이었다. 재판장은 아직 나타나지 않고 있었다. 법정의 공기는 긴장감으로 팽팽했다. 모두들 판사들이 무대 위로 올라올 것을 기다리고 있었다. 무대 뒤쪽의 판사들도 마찬가지로 흥분하고 있는지도 몰랐다.

나는 이 사건의 본질이 무엇인지 잠시 생각했다. 국민의 세금 중 감추어진 부분을 지금도 고위공직자나 국회의원 그리고 고위법관들이 특활비라는 명목으로 남용하고 있다. 법의 제단에 올려진 것은 그 많은 사람 중 박근혜 전 대통령과 그 정권의 국정원장과 비서실장이었다. 수십 년 동안 정보기관에 숨겨놓은 그 돈을 권력자들이 먹고 마시는 데 쓰고 나누어 가지기도 했다. 촛불정권은 도덕성을 주장하면서 거기에 철퇴를 내렸다. 총론에서는 바른 조치였다. 특활비뿐만 아니라 무기와 석유를 둘러싸고 그 뒤에서 거래되는 검은 돈들도 언젠가는 척결되어야 할 고질적인 비리인지도 모른다. 인권문제를 비롯해서 세상의 물결은 그래도 좋은 쪽으로 가고 있는 것 같다. 그러나 그 과정에서 무리가 따르고 일부 희생자가 생길 수 있었다. 그게 바로 상징적인 이 사건이었다.

박근혜 전 대통령은 역대 어느 대통령보다도 상대적으로 깨끗했다. 돈에 있어서만은 결벽증일 정도로 자신을 관리해 왔다. 그런 그가 국정원장의 뇌물을 받은 파렴치범이 되어 망가진 것이다. 이병호 국정원장 역시 깨끗한 인물이었다. 정보기관이 정치에 의해 망가지는 걸 뼈아프게 보아 온 정보전문가 출신인 그는 정보기관의 정치관여를 철저히 막은 유일한 정보기관장일지도 몰랐다. 다만 박근혜 전 대통령이 돈을 지원하라고 명령했을 때 좀더 예민한 정치적 감각이 있어야 했는지도 모른다. 무심히 그 말을 따른 게 실수라면 실수였지 않을까.

정년퇴직을 하고 받은 돈을 은행에 가지고 갔을 때 은행 여직원이 펀드에 가입하라고 해서 무심히 그 말을 들었던 순진성을 가진 사람이었다. 펀드에 넣은 돈을 다 날리고 나서야 후회를 했다. 나만 그 사실을 아는 사람이었다. 당시 재판장은 정보전문가가 펀드와 예금의 차이도 모르느냐고 말하면서 비웃었다. 그의 그런 속성을 이 재판부가 알기는 불가능했다. 말해도 믿어주지 않을 게 틀림없었다.

무너뜨리고 파괴해야 할 목적인 이병호 전 국정원장에 대한 검찰의 수사는 모략에 가까웠다. 약점을 잡은 국정원 기조실장을 이용해 그들이 원하는 대로 이끌었다. 검찰이 만든 전체 범죄사실이 국정원 기조실장의 진술이라는 기둥 하나로 간신히 버티고 있는 것이다. 재판부가 기조실장 진술의 진실성을 긍정하느냐 부정하느냐에 따라 재판 전체의 유무죄가 갈렸다. 검찰에서 작성된 기조실장의 진술조서는 보통사람이 그냥 봐도 어떤 압력에 의해 특정한 방향으로 가는 걸 느낄 수 있을 것 같았다. 기조실장은 법정에서 자신이 했던 말이 진실이 아니었다고 폭로했었다.

국정원장을 회계 관계 직원으로 보고 징역형을 선고한다는 것은 솔직히 후일 누가 봐도 웃을 법의 왜곡이었다. 판사들에게는 국정원장이나 장관들이나 국회의원들 모두가 회계 직원으로 보인다면 그건 색안경을 쓰고 있기 때문에 그런 것이다. 명분과 총론에 있어서 특활비의 적폐청산은 맞는 것이었다. 그러나 정직했던 이병호 국정원장에게 역사적 적폐인 그 모든 죄의 십자가를 지게 하는 것이 법치국가에서 과연 맞는지 의문이었다. 이윽고 재판장이 배석판사들을 데리고 법대(法臺) 위로 올라오고 있었다. 긴장된 표정이었다. 그가 자리에 앉았다. 재판장은 먼저 피고인들의 이름과 생년월일을 절차에 따라 형식적으로 확인했다.

"이제부터 판결이유를 말씀드리겠습니다."

재판장이 묵직한 소리로 입을 열었다.

"국정원은 정치권력을 재정적으로 지원해 왔습니다. 그것은 국가정보기관과 정치권력의 유착이었습니다. 특정정당을 재정적으로 지원했다면 그것은 국정원의 정치 관여이며 우리는 그런 불행을 여러 번 겪어 왔습니다. 재판장인 저는 오랫동안 관행같이 사용되어 오던 국정원 자금의 청와대 지원을 국민에게 물어보면 뭐라고 할까? 생각해 봤습니다. 아마도 안 된다고 했을 겁니다. 국민의 혈세를 국민들이 모르는 다른 곳에 쓰는 것은 옳지 않다는 생각입니다.

국가 정보기관이 예산을 자기 돈처럼 사용해서 정치권력과 유착한 것은 도덕적 해이뿐만 아니라 위탁자인 국민의 의사에 반해서 국가재정에 손실을 입힌 횡령이라고 생각합니다. 이런 점이 이 사건을 가볍게 볼 수 없는 이유일 것입니다. 국정원 자금은 정치권력을 타락시키고 정치권력에 대한 자금통제를 어렵게 하는 독버섯 같은 존재였다고 생각합니다."

그동안 국정원 자금의 남용 부분에 대한 법의 준엄한 통고였다.

"용도가 특정된 특수활동비라면 그 적합한 상대방에게 지급되어야 합니다. 그것과 무관하게 지급되어서는 안 됩니다. 재판부는 대통령을 특수활동의 상대방이라고 보지 않습니다. 특수활동비는 대통령이나 국정원장이 주관적 입장에서 임의로 결정을 할 수 있는 돈이 아닙니다. 국민의 세금을 다른 용도로 사용하는 것은 국민이나 국회만이 판단할 수 있습니다. 그게 국민주권이고 재정민주주의이자 법치주의일 것입니다."

재판장은 잠시 말을 끊었다. 방청석의 기자들이 두드리는 키보드 소리가 법정의 허공에서 부딪치고 들끓고 있었다.

"피고인이나 변호인들은 국정원 돈이 청와대에 가는 것이 오랜 관행이라고 하고 있습니다. 그렇기 때문에 불법영득의 의사나 범죄에 대한 고의가 없다는 것입니다. 그러나 그런 관행은 불법적인 것으로 국정원 돈과 정치권력의 야합을 막기 위해서는 청산되어야 할 것이라고 판단했습니다."

사건의 본질에 관한 사법부의 결론이었다. 이어서 재판장은 각론으로 들어가 구체적인 사유를 말하기 시작했다.

"국정원장이었던 피고인 이병호는 회계 관계 직원 책임법의 입법취지로 볼 때 회계 관계 직원에는 해당하지 않습니다. 그러나 국정원장의 특별사업비는 국정원의 업무목적에 맞게 사용하도록 그 용도가 특정된 금원입니다. 그 돈을 특수 활동을 해야 할 상대방이 아닌 대통령 또는 청와대에 임의로 지급하는 것은 위탁자인 국가, 나아가 국민의 의사에 부합한다고 볼 수 없으며 사회통념상 정당한 것으로 인정될 수 없습니다.

따라서 재판부는 피고인 이병호가 청와대에 돈을 지원한 행위를 업무상 횡령죄로 보기로 했습니다. 다만 그 횡령은 사실상 압력에 의한 소극적 가담 정도로 봅니다."

법과 역사는 국정원 돈의 남용 부분에 대해 어떤 형태로든 매듭을 짓고 가야 할 것이다. 추정되는 국민의 의사에 위배되는 예산의 사용을 횡령으로 정의하고 있었다. 그 다음은 그에 대한 정치관여죄 판단 부분이었다. 재판장이 말을 계속했다.

"우리는 정보기관의 정치관여라는 불행한 역사를 되풀이해서 겪었습니다. 그래서 정보기관 본연의 역할을 충실히 할 수 있도록 하기 위해 제도개선이 꾸준히 이루어져 왔습니다. 국정원 기조실장인 이현수는 당심 법정에서 '검찰진술은 착오에 의해 자신의 생각을 말했던 것이고 실제로는 이병호 국정원장에게 특정 정당이 아닌 청와대의 합법적인 일반 여론 조사 비용이라는 취지로 보고한 것 같다'고 진술을 바꾸고 있습니다. 그러나 이현수는 그렇게 진술을 번복하게 된 사유에 대해 합리적인 설명을 하지 못하고 있습니다."

재판장의 말이 가슴에 와서 딱 걸리는 것 같았다. 이현수는 법정에서 온 몸으로 절규했었다. 검사의 협박과 계속되는 고문 같은 밤샘조사를 얘기했다. 약점이 잡혀 마음에 없는 진술을 원하는 대로 해준 사실을 말했었다. 그러다 법정에서 비로소 말한다고 한 것이다. 그만하면 들을 귀가 있다면 믿을 만도 했다. 그러나 재판장은 그렇지 않은 것 같았다. 재판장이 그 부분에 대해 이렇게 말했다.

"이병호의 변호인은 이현수가 검찰 조사시 검사와 장시간 면담을 통해 진술 등에 관해 협상을 벌였을 것으로 보인다고 주장하나 그런 사정만으로는 이헌수의 검찰 진술에 신빙성이 없다고 보기는 어렵다고 판단했습니다. 그리고 청와대 정무수석실에서 요청한 10억 4000만 원은 국정원으로서는 부담이 되는 거액이었으므로 이헌수로서도 국정원장인 피고인에게 정무수석실에서 돈을 요청한 이유를 개략적으로라도 설명했으리라고 보입니다. 또한 이병호 국정원장도 그 보고를 받고 반만 지원하라고한 것으로 보아 당시 내용을 인지하고 있었을 것으로 보입니다. 당 재판부로서는 그 위법성의 정도가 중하다고 보기 때문에 피고인 이병호에게엄중한 책임을 묻지 않을 수 없습니다."

판결이유의 고지가 끝이 났다. 재판장은 이렇게 선고했다.

"피고인 이병호를 징역 2년6월 및 자격정지 2년에 각 처한다."

31 :

에필로그

    약 일 년 동안 이병호 국정원장의 변호를 하면서 내 자신이 많은 영혼의 변화를 이룬 것 같다. 그를 변호하게 된 동기는 간단히 떠오르는 한 장면이었다. 나의 사무실 앞 길거리에서 절망한 모습으로 망연히 하늘을 보던 그의 힘 빠진 뒷모습이었다. 그때 판사는 퇴직금을 사기당한 그의 내면을 보지 못하고 비웃었다. 그리고 얼음같이 찬 판결을 내렸다. 그의 지능이 그런 사기를 당할 사람이 아니라는 판사의 추단이었다. 그러나 나는 그와 소송을 하면서 그가 사기를 당할 만큼 순수한 내면을 가진 사람이라는 걸 알았다.

    어떤 존재가 대통령의 마음을 움직여 그를 75세의 나이에 국정원장으로 만들었다. 그는 내게 어떤 섭리가 자신을 그 나이에 권력의 중심부에 들어가게 했는지 모르겠다고 했다. 그는 권력의 개가 되어 양들을 몰아칠 성격이 아니었다. 그는 아내와 사는 집 한 채가 재산의 전부인 청빈한 사람이었다. 재물을 탐내는 성격도 아니었다. 죽음이 다가오는 그 나이에 권력이나 자리를 얻으려고 하는 사람도 아니었다. 그가 왜 국정원장이 되었을까 나는 궁금했다.

어느 날 신문에서 그가 뇌물죄와 정치관여죄로 징역형이 선고되고 법정구속 됐다는 보도를 봤다. 그 순간 느껴졌다. 그는 이 나라가 적폐를 청산하고 보다 더 깨끗하고 투명한 나라로 가기 위한 법의 제단에 속죄양으로 바쳐지기 위해 그 자리에 갔는지도 모른다는 생각이었다. 속죄양은 흠이 없는 깨끗한 제물이어야 했다. 십자가를 진 예수가 인간을 위한 그런 속죄양이었다. 이미 나이 팔십의 쇠약한 노인이 된 그는 세상의 십자가를 지고 가기 힘들어 했다. 나는 성경 속에 나오는 구레네의 시몬이라고 하면서 사형집행장인 골고다 언덕까지 그의 십자가를 함께 지고 동행한다고 그에게 말해 주었다.

그가 대신 떠안은 세상 죄를 옆에서 세밀하게 보았다. 국민적 감시가 힘든 정보기관에 혈세를 숨겨놓고 권력가들이 수십 년 동안 그 돈을 써왔다. 물이 고이면 썩듯이 그 돈은 그늘에서 독이 되었다. 국정원의 돈은 그곳에 맡겨진 정치권력의 돈이라는 인식이 화석같이 굳어 있었다. 노태우 대통령은 재벌로부터 받은 자신의 뇌물을 정보기관장에게 맡겨 은밀히 증식시켰다. 김영삼 대통령은 국정원 기조실장을 통해 자신의 자금을 은밀히 관리시키면서 총선 때 선거자금으로 대기도 했다. 시대정신이 이런 적폐에 대해 철퇴를 내린 것이다.

다른 대통령들도 불법적인 돈의 흐름에서 자유로운 사람이 없는 것 같

있다. 그중 새가슴처럼 가장 작은 액수의 돈에 관여된 인물이 박근혜 대통령이었다. 박근혜 대통령은 국정원에 대한 자금지원 요청이 위법인지에 대한 인식이 전혀 없었다. 과거 정권에서도 그랬다는 보고를 받고 문제의식을 느끼지 못할 정도로 정치적 감각이 부족한 것 같았다.

변호사로서 관계되는 한 사람 한 사람 정면돌파를 해 나갔다. 국정원 기조실장에게 왜 폭로했느냐고 물어보았다. 문고리 삼인방이라는 내관같은 비서관에게 당신이 가까이 본 박근혜 전 대통령은 어떤 사람이냐고 물었다. 국정원장에게 안보의 중심에서 책임을 맡고 있던 당신이 지키려고 한 것은 무엇이었느냐고 질문했다. 박근혜 전 대통령에게 당신은 어떤 나라를 만들려고 했느냐고 따졌다. 그런 게 있기나 했느냐고 물었다. 목숨을 걸고 자기의 철학을 말하는 사람은 보지 못했다.

시대의 격류는 결국은 국회에서 한 줄의 법조문이 되거나 법원에서 정치성을 띤 판례로 남게 되어있다. 재판부는 속죄양인 이병호에게 업무상 횡령죄와 정치관여죄를 씌워 국정원 돈의 사용에 대한 법적 정의를 내렸다. 법으로 선언한 이상 더 이상 예전같이 국정원에 숨겨진 돈은 정치권력이 마음대로 쓸 수 없게 된 것이다. 나의 작은 사무실을 찾아왔던 이병호 씨는 그런 사회적 십자가를 지기 위해 국정원장이 되었는지도 모른다.

판결이 선고되고 한참 후 구치소의 그를 찾아갔다. 그는 의외로 편안한 표정으로 유리방으로 된 접견실에 앉아 있었다. 그가 이렇게 말했다.

"처음에 이 감옥에 들어와서는 보셨던 것 같이 아주 힘들었죠. 그런데 이제는 새로운 깨달음을 얻었어요. 이런 환란이 없었더라면 나는 국정원장을 마치고 그냥 골프나 치고 아는 사람을 만나 그렇고 그런 정치 얘기나 하고 살았을 거예요. 믿음이라는 것도 그저 형식적으로 일주일에 한 번씩 교회에나 가는 기저귀 믿음이었겠죠. 그런데 감옥 안에서 고통을 받으면서 뭔가 진짜를 얻은 것 같아요. 깊은 깨달음이라고 할까요. 처음에는 내가 언제 돈을 횡령했느냐고 철창 밖 하늘을 향해 소리쳤죠. 내가 언제 정치에 관여했느냐면서 허공에다 주먹질을 하기도 했어요. 판사의 판결이유를 들으니까 '너는 논리적으로 정치관여죄의 범죄인이 되어야 해, 내가 그렇다면 그렇게 되는 거야. 딴 소리 하지 말아' 하는 것 같더라구요.

판사의 추측만으로 있지도 않았던 새로운 사실이 창조되는 게 법정이더라구요. 억울함 때문에 신경안정제를 먹지 않고는 잘 수가 없었어요. 그런데 이제는 편안합니다. 이 모든 환란이 나를 하나님에게 가까이 가게 하는 채찍이었다고 느낍니다. 밖에 편하게 있었더라면 이런 깊은 깨달음을 얻지 못했을 거예요."

그의 영혼은 완전히 바뀌어 있었다. 그가 마지막으로 한마디 덧붙였다.

"정보기관은 제가 평생 근무해 온 조직입니다. 사회의 부정적인 인식 때문에 아이들을 키울 때 어디 다닌다는 말도 제대로 하지 못했어요. 그렇지만 한 국가를 위해서는 절대적으로 필요한 기관이에요. 법의 형식적인 잣대로만 재단해서는 안 됩니다. 그 긍정적인 측면과 기능을 나는 보는데 세상은 보지 못하죠. 이렇게 파괴해서는 안 됩니다."

그가 있던 조직에 대한 애착과 사랑이었다. 나와 얘기가 끝난 후 그는 담담히 자기의 어둡고 좁은 감방으로 향하고 있었다.

국정원장의 눈물
老人과 女王

김정은이 그토록 죽이고 싶어했던 이병호 前 국장원장 변론기

저 자 | 嚴相益
펴낸이 | 趙甲濟
펴낸곳 | 조갑제닷컴
초판 1쇄 | 2019년 6월 20일

주소 | 서울 종로구 내수동 75 용비어천가 1423호
전화 | 02-722-9411~3
팩스 | 02-722-9414
이메일 | webmaster@chogabje.com
홈페이지 | chogabje.com

등록번호 | 2005년 12월2일(제300-2005-202호)

ISBN 979-11-85701-65-3 03340

값 10,000원

*파손된 책은 교환해 드립니다.